影响中国人的十大汉字

贤

国学金故事

冯梦月　丁卉◎主编

台海出版社

图书在版编目(CIP)数据

贤·影响中国人的十大汉字 / 冯梦月,丁卉编著.
--北京:台海出版社,2012.9

(国学金故事)

ISBN 978-7-5168-0024-9

Ⅰ.①贤… Ⅱ.①冯… ②丁… Ⅲ.①品德教育-中国
-通俗读物 Ⅳ.①D648-49

中国版本图书馆 CIP 数据核字(2012)第 211191 号

贤·影响中国人的十大汉字

编　　著:冯梦月　丁　卉

责任编辑:孙铁楠

装帧设计:天下书装　　版式设计:方国荣

责任校对:董宁文　　责任印制:蔡　旭

出版发行:台海出版社

地　址:北京市景山东街 20 号,邮政编码:100009

电　话:010-64041652(发行,邮购)

传　真:010-84045799(总编室)

网　址:www.taimeng.org.cn/thcbs/default.htm

E-mail:thcbs@126.com

经　销:全国各地新华书店

印　刷:北京一鑫印务有限责任公司

本书如有破损、缺页、装订错误,请与本社联系调换

开　本:710×1000　1/16

字　数:52 千字　　印　张:8

版　次:2012 年 11 月第 1 版　　印　次:2021年 6 月第 3 次印刷

书　号:ISBN 978-7-5168-0024-9

定　价:28.00 元

题记

小篆

金文

贤

什么样才称得上“贤”？什么样的人才算是“贤人”？“贤”的品质，不是人人都能拥有的，“贤人”也不是人人都能做的，但是我们可以朝着“贤”的方向去努力。

“贤人”，往往都具备纯真的心性。他们没有利益熏心，不参与勾心斗角，更别提暴力冲突。他们有的是一颗为人民大众服务的心灵。他们具备过人的才智，往往用他们的智慧便可以成就一番大事业。但是他们是与世无争的，他们不会用他们过人的才智去为自己谋福利，他们的所作作为，都是为了造福天下苍生。

在遥远的中世纪的欧洲，贤者是宫廷中的重要成员，一般为国王的军师或者为宫廷中的占星师或占卜师，他们都被视为是智慧的象征，向帝王们提供着最正确的意见。

姜太公是个贤人，他帮助武王建立了周政权。孔子是贤人，他倡导整个中国儒学文化几千年，并且还培养了更多的贤人子弟，推动了中国历史文化的发展。本书讲述的故事的主人公，个个都是被传颂了几百甚至几千年的贤人智者。

当今社会需要更多的贤人智者来推动社会各方面的发展。所以，青少年朋友，不要觉得“贤人”离自己很遥远，只要你努力积累知识，未来加以适当的发挥，你也可以成为推动社会历史发展的“贤人”。

闲思贤思

在《中庸》里，鲁哀公曾向孔子请教为政的道理。孔子说了这样一句话：为政在人，取人以身，修身以道，修道以仁。意思是说：为政之道，在于得到人才，而招募贤士的方法，在于领导者能修养自身，以德行感召人才；修身必须依据天下共遵的法则，修道要依据仁慈博爱。在这里，孔子为君主以及他所尊崇的"人才"定义了"贤德"二字，即为：修身，无我。

人活一世，无时无刻不在修身；不过是有些人往好的、有些人向劣的方向罢了。所谓"好"，未必一定如世俗的普遍认知那般局限于个人财富或者社会影响。在我看来，一个贤者最重要的就是对自我有清晰的认知，在纷繁复杂的世界里怀有"横而不流兮"的气质。这种气质往往从书中衍生。而古往今来的贤者，常常用历史与诗歌来保养自己内心的清明。

修身，修的就是一股子气。姜尚渭水河边的悠然、屈原汨罗江畔的吟诵、朱熹岳麓山上的感慨、都是贤者内心伟大的力量。这种力量不倚外物而存，却在茫茫宇宙中合着心灵的节拍，促动着奔腾的血脉。这也就是为何贤者少趋炎附势、苟且偷生、惶惑惊恐之徒：他们知道自己的人生追求。因为洞悉，所以坚定；因为坚定，所以坦然。

我长了十八岁，很少听到现在有人赞扬别人“贤能”。学业有成者多为“天资聪颖”；为官正直者多为“高风亮节”；孝敬父母者多为“品行优良”。而“贤”这个字的背后，似乎隐藏了太多的深意，而这些深意注解的灵魂，仿佛离这个时代很遥远。

自我的独立与性格的坚忍，并不足以让一个人“贤能”。贤者的高尚，在于无我的大爱。比如神农氏为苍生尝百草；比如管仲弃个人恩怨辅佐齐桓公为政；再比如墨子独赴楚国，冒着生命危险解救宋国于水深火热之中。奔波来去之间，舌战群儒之时，他们的灵魂仿佛都闪烁着爱与智慧的光芒，把历史点亮。

这种无我的大爱，源自于本性的纯真。在我看来，贤能的人都有一颗孩子般的心灵，这颗心灵干净得不染纤尘，不计得失，不去怨恨，所以也不会凋亡。这颗心灵，不会把无私鄙视为愚蠢，不会把享乐神话为幸福；这颗心灵，总是站在高处眺望远方，在“多少楼台烟雨中”的忧郁感慨后，更有“大庇天下寒士俱欢颜”的豪情壮志；这颗心灵，是怀着那般“先天下之忧而忧，后天下之乐而乐”的博爱，穿越时间震撼着我们。

而在这个时代，在这个孔孟老庄远去，范仲淹王安石放逐的时代，在这个康德尼采罗素维特根斯坦消逝的时代，在这个忙碌喧嚣沸沸扬扬自我主义至上的时代，又有谁，能真的配得上一个“贤”字呢？到底是时代的悲剧导致了贤者的缺失，还是贤者的消逝带来了时代的凄凉，我也辨不清。

但有一点是肯定的：纵使配不上一个“贤”字，它也应当成为我们不断努力的目标，在剥去浮华光鲜的表象之后，成为一段心灵的座右铭。

丁卉

目　录

任何一个学者，只要接触中华文化，都会惊叹；任何一个孩子，只要阅读《国学金故事》，都会受益。

——暨南大学　罗立群教授

《国学金故事》，传经、授道、图文并茂；观画、赏文、文化同存。

——复旦大学　张兵教授

每个故事后面都有相关成语的解释，在看国学故事的时候还可以学习成语。

——武汉大学　陈瑛教授

打造心灵的窗户，为你的未来增色添香。

——《红袖添香》总编辑　毕建伟

轩辕黄帝

黄帝，传说中中原各族的共同祖先。姬姓，号轩辕氏、有熊氏。少典之子。

今天，我们中国人自称是“黄帝子孙”或“炎黄子孙”。那么，传说中的黄帝是怎样的一个人物呢？

相传黄帝出生于寿丘。他本来姓公孙，因为父亲是有熊部落的首领，所以又称有熊氏。后来，他迁居轩辕之上，因此也称轩辕氏。黄帝小时候不仅长得高大，而且相当懂事，常常能和大人们一起商量各种重要的事情，随着年纪的增长，他在部落中的威信渐渐高起来，后来当上了部落首领。后来，黄帝带领他的部落向东迁入中原地区，最后定居在适合发展农业生产的涿鹿一带。

这时，南方有个叫九黎族的部落早就搬到这儿。为首的名叫蚩尤，本领十分高强。他一共有八十一个兄弟，个个身长数丈，铜头铁额，有四只眼睛，六只手，头上长有两只大角，耳朵两旁毛发直竖，好像利剑一样。他们长得奇形怪状，吃的东西更是让人难以置信，每天尽是吃一些砂石、金属之类的东西，制造出来的兵器更是锋利无比。当黄帝和蚩尤都进入了中原后，炎帝也率领自己的部落进入了这一肥沃的地区。蚩尤想独占中原，就带领部落的全部族民驱赶炎帝族。炎帝族被打得落荒而逃，

天地有恒常，万民有恒事，贵贱有恒味，畜臣有恒道，使民有恒爱。——黄帝

只好向黄帝求救。黄帝派人告诉蚩尤:“我们三大部落应该互相团结,互相帮助,共同建设自己的美好家园。”蚩尤根本不把黄帝放在眼里,提出要同黄帝、炎帝两个部落决一死战。黄帝就和炎帝联合起来,跟九黎族在涿鹿一带展开了一场恶战。

开始,黄帝让自己驯养多年的虎、貔、貅等猛兽打头阵。黄、炎两族的人跟在猛兽后面冲杀。蚩尤兄弟也毫不示弱,带领九黎族向前猛攻。眼看蚩尤兄弟就要冲过前面的猛兽阵。杀向炎、黄两族的人。黄帝立即命令手下应龙下雨蓄水,想截断蚩尤的来路。不料蚩尤也马上请来了风伯雨师,卷起一阵狂风暴雨,强劲地吹打着黄炎两族的人。一些猛兽被掀翻在地,形势十分危急。就在这时候,旱神魃及时相助,它向天一笑,天空立刻放晴,狂风暴雨一下子就销声匿迹了。蚩尤不肯服输,就兴起妖法,顿时漫山遍野大雾弥漫。黄、炎两族的人认不清方向,猛兽也在山野里到处乱窜。蚩尤趁着这个机会想逃走。黄帝连忙造了一辆指南车,指示方向。黄、炎两族的人作战勇猛,喊杀声震天而响,马上就抓住了蚩尤。黄帝走到已被捆起来的蚩尤面前,和颜悦色地说:“你要是早能和我们友好相处,今天就不会有这么多人白白送死,你还是带领自己部落的人好好回去放牛养羊吧!”蚩尤吐了一口唾沫,蛮横地说:“除非你们让出中原,否则我和你们势不两立。”黄帝和炎帝商量了一会儿,决定把蚩尤杀了,然后将九黎族的人留在中原,一同发展农业生产。

从此，这三大部落结成联盟，推举黄帝为领袖。在黄帝的统领下，人们就在中原一带和睦相处，世世代代从事耕作，成为中华民族的祖先。传说养蚕、舟车、文字、音律、医学、算数等还是黄帝时期创造的呢！

《史记·五帝本纪》

本篇成语解释：

1.【落荒而逃】原来形容作战失败后慌张逃命。后来泛指一般斗争中的惨重失败。

2.【销声匿迹】形容隐藏起来或不公开露面。

3.【漫山遍野】山上和田野里到处都是，形容很多。

黄帝治国，强调尚贤重士的观点，这不仅是强调尊重知识、尊重人才，而且是防止政治腐败，为害于民，遗祸于国，保证执政权力始终掌握在“体正信以仁，慈惠以爱人”者的手中，使政治实施真正做到以民为本。由此而制定了上至帝王、下至大臣的选贤任能制度。后世将五帝时期的帝位选贤任能制度，或谓之“禅让”，或称之“推位让贤”。

遍尝百草

炎帝，姓姜，号烈山氏，又称神农氏。传说中的神人，生于姜水，是我国农业和医药的始祖。

远古的人们，都以生吃鸟兽的肉和草木的果实过日子，这样很容易得病。但当时人们还不知道医药，一旦生了病，就只能听其自然，因此，死去的人很多。每当炎帝看到人们得病时痛苦不堪的样子，心里就很不是滋味。一天，炎帝从山上摘了一大筐果子回来，累得大汗淋漓，腰酸背痛，就躺在石板上休息。这时候，他自己养的一条遍身透明的琉璃狮子狗，摇头摆尾，神气十足，围着自己转来转去，炎帝抚摸了一下这可爱的狮子狗，感叹人们的身体还如这条狮子狗好。他想，这狗怎么从不害病？它吃的东西除和人吃的一样外，它还吃草木的根、茎、叶，难道这些东西能防病治病？为了探明其中的奥秘，他不顾个人安危，带着这条狗，跋山涉水，仔细观察它吃了食物后的反应，然后自己再亲口尝尝它的味道，体察自己的反应。

有一天，风和日丽，天气格外好，炎帝觉得今天应该再出去走一趟。于是，他带上了狮子狗，从铁甲山徒步来到沬水河边的鹿原陂，只见山上古木参天，花草吐艳，

百鸟争鸣，景色宜人。炎帝高兴极了，便一边尝草认药，一边欣赏大自然的风光。从鹿原陂上山，刚走到狮形里，天空忽然就变得黑沉沉一片，接着风雨交加，把炎帝一身淋得透湿。正当他准备找一处地方避避风雨时，突然又风息雨停，天气转晴，他便继续向上爬。刚爬上山顶，炎帝就感到头晕脑胀，胸闷欲吐，一时连站也站不稳。这时琉璃狮子狗正津津有味地在啃一根草的根块。炎帝便顺手捡了一块，在一池积水中洗净后，坐在草地上细细咀嚼，觉得满口辛辣，别有味道。没有多久，他便胃口大开，心胸舒畅，精神大振。炎帝便把这种草根叫“生姜”，意思是他从此获得了第二次生命。

过了几天，炎帝来到了附近的桥头岭。这里满山遍野都生长着一种常绿灌木，碧绿碧绿的，远远望去，山坡就像罩上了一层绿色的云雾。他看了一阵，觉得腹中饥饿，就去山间找东西吃。忽然，他发现路边树林间长着一种像拳头一样的果子，青中带黄，招人喜爱，就去摘了几个来吃。虽然味道不大好，但这时肚子饥饿，也顾不了许多，他一连吃了三个，然后便坐在树阴下歇息。过了一会，炎帝突然感到口干舌燥，浑身不舒服。他心想：不好，恐怕这东西有毒。他身边还留着几块生姜，连忙拿出来吃了两块，还是不行。他又把附近的几种植物叶子摘了几把，一样一样地尝试。当尝到那种常绿灌木的叶子时，他感到其味道苦涩而清凉。根据以往的经验，凡是苦味带凉的植物，对解毒都有作用，于是他赶紧嚼了一把嫩叶子。人慢慢地又舒服起来了。炎帝十分高兴又发现了好几种有药

古代的贤人君子，长久不懈的追求，不敢有一天浪费光阴，懈怠自毁的，都是期待修身治学，成就自己的学问罢了。

用的草木。炎帝通过长期尝试草木，总结出苦的凉、辣的热、甜的补、酸的开胃这些规律。他的一位朋友鲶每天头痛，他就拿生姜给他吃，果然药到病除。炎帝的信心就更加充足了。他不断试验，根据不同病情，用不同的草药，为更多的人治病，都收到了意想不到的效果。

从此，炎帝更加细心研究，发明了医药，用不同的药治不同的病。后世的医生们根据炎帝传下来的药方，整理成《神农本草经》，流芳百世，造福人类。

《路史 · 后记》

本篇成语解释：

1.【风雨交加】原指既刮风，又下雨。也比喻灾难重重。
2.【流芳百世】美名永远流传于后世。

所说的贤人，就是有才有德的人，所爱好、厌恶的情感与人民完全相同，想要选择与舍弃的事物与人民完全一致。行事完全顺应天道、地道、人道客观规律，处理问题能够标本兼治，尤其注意从根本上解决。所说的话能够作为天下人的行为准则，按照他说的话去做就能成功。

网开三面

汤，名履，卜辞称太乙，始为商部落首领，后灭夏，建立商王朝。

夏朝末年春季的一天，和煦的阳光照耀着大地，百花怒放，树木青翠，鸟儿在山谷里欢快地歌唱，还不时飞来飞去，啄树上的虫子吃。这时有三位身披长袍、腰佩长剑的壮年男子漫步在田间小道上。为首的一位，身高九尺，长长的胡须随着微风飘动，他就是夏朝诸侯商汤。另外两位是他的左右相仲虺和伊尹。看到田里种满了绿油油的庄稼，三人都会心地笑了。仲虺对商汤说："大王治国有道，国家富足。应该蓄集力量，准备灭夏建商。"商汤缓缓地说："只要有了德行，天下自然会归附。"

明君劳于求贤，逸于治事。

说着说着，伊尹突然指着前面的树林，大喊一声："大王请看！"原来是一位农夫正在张挂捕捉飞鸟的网。只见他小心翼翼地在东南西北四面都挂好了网，便双手合拢，并于胸前，闭上眼睛，对天连鞠三躬，然后跪伏在地上，开始默念祷词："求上天保佑，网已挂好，愿四方来的鸟兽都进入我的网中来。"然后，起身便准备走开。这时，商汤冲上前去对农夫喊道："老兄，请留步，请留步！"农夫回头一看，见是一位穿着华丽的青年男子，料想一定是个王公贵族出来游玩罢了，也就不想理睬，继续往前走。商汤再也忍不住了，他冲

着农夫大声说："老兄，您这样做也太过分了。"仲虺也说："你怎能这么无礼！"那农夫听了很生气，说："我靠捕捉鸟兽为生，有什么过分的，我可没闲工夫跟你们理论。"商汤指着那张网，对农夫说："你看看你挂的网！"

那农夫四周一瞧，也看不出个名堂，就对商汤说："我的网四面都张挂了，没有什么疏漏的地方，不知您瞧出了什么破绽？"

"如此张网，难道不是要一网打尽吗？"商汤一边说，一边叫仲虺和伊尹把那已经张挂好的网撤掉三面，只留下一面。然后，商汤双手合拢，虔诚地对天鞠了三躬，又跪在地上祷告说："天高任鸟飞，地远由兽走。要往左面就向左跑，要往右面就向右走，想在高处的就高飞吧，想下来的就下来，就到我的网中来吧！"农夫见到商汤的这种样子，不禁哈哈大笑起来："真是个不懂农活的公子，你只留一面网，能捕到几只鸟，几头兽？快别发傻了！"

商汤却耐心地对那农夫说："对待禽兽也要有仁德之心，四面张网，捕尽捉绝，以后怎么办？"那农夫还是不服气，他对商汤说："你刚才祈祷说，'想下来的就下来'，禽兽也不会自投罗网的嘛。"商汤解释说："我们做任何事情，都应顺从天道。不听天命的，毕竟是少数，我们要捕捉的就是那些不听天命的。"

伊尹和仲虺听了以后，都称颂说："真是一个有德的君主啊！"农夫一听，这才醒悟过来，马上跪在商汤面前说："小人有眼无珠，刚才冒犯了大王，罪该万死。但小人今天总算见到了大王的风采，也是三生有幸，死而无憾。现在，夏桀暴虐无道，残害百姓。我也是死里逃生，来到大王管理的地方，才过上安宁的日子的。"商汤开怀一笑："快起来吧，我只要你明白事理就行。"农夫听后十分感动。

商汤的这件事情在诸侯中被传为佳话，他们深深地折服了，都齐声称颂说："汤是极其仁德的人，对禽兽都十分仁慈。"于是，归顺商国的诸侯越来越多。商汤在仲虺和伊尹的协助下，不断积蓄力量，最后终于消灭了腐朽残暴的夏王朝，建立了商朝。

《史记·汤本纪》

本篇成语解释：

1.【小心翼翼】原来形容恭敬严肃的样子，后来形容举动十分谨慎，一点不敢疏忽。

2.【一网打尽】比喻全部逮住或彻底肃清。

黄金累千，不如一贤。——杨泉（晋）

渭水访贤

用『思贤如渴』形容周文王一点不为过。

周文王（公元前1152年——公元前1056年），姓姬名昌，被商王封为西伯，是西周的奠基者，是历史上有名的君王。

有一次，文王要筑一座高台。这事儿让大家知道了，于是人们踊跃参加，高台很快就筑成了。这事传到商纣王的耳朵里，他很不高兴，心想，姬昌是我的部下，竟然威望比我还高。纣王宠爱的美女妲己也在一旁添油加醋：“这姬昌有野心，我看不如趁早收拾他，不然，他的势力会更加强大。”于是，纣王派人把文王请到商都朝歌，整天要他陪着饮酒，还叫来许多美女在宫里跳舞。纣王对文王说：“人生在世，要及时享乐。”周文王说：“大王是一国之君，应该精心管理国家，千万不要再一味玩乐。”纣王听后，脸色一沉，斥责文王说：“你竟敢教训起我来了，来人，将姬昌抓起来！”文王就这样被囚禁起来。

消息传到周国，大臣们连忙聚在一起，讨论对策。姜尚笑着说：“大家不用急，商纣王贪财好色，容易收买。”他叫人装了几车珠宝和一批美女，送到纣王面前。商纣王看到如此丰盛的厚礼，心里很高兴，便把周文王放了回去。大家都夸姜尚有计谋，姜尚说：“这还是文王有眼力，能看中我这老头子。”原来，文王能招揽姜尚这样有才干的人，这里面还有一段故事。

那时候，姜尚住在一个叫吕的地方，他文武双全，很有本领。据说他曾在纣王手下做过官，看到纣王荒淫昏聩，就离开了商朝，隐居在渭水的旁边。但他心中还是等待施展自己才干的机会。周文王这时候正苦于找不到人才。他四处求访贤人，有时连饭都顾不上吃。有一天，天气十分晴朗。有人对文王说：“大王您太辛苦了，这么好的天气，应该到外面去游玩。”于是，文王带着儿子和士兵们，坐车到渭水边打猎，到河边后他看到一位白胡子老头正坐在岸边钓鱼。可这老头用的却是直钩，而且钩子离水面有三尺远，又没有放鱼饵。文王觉得很奇怪，就带着大队人马过去和他攀谈。这老头始终专注地钓他的鱼，连瞧也不瞧文王一眼，只问了一声：“来的是什么人？”文王马上回答说：“我是西伯姬昌，今天出来打猎踏青，有幸遇到老人家，特意来请教您。”老头说：“你有什么事？”文王的儿子说：“您这样能钓到鱼吗？”老头冷冷地回答说：“愿者上钩嘛，我还真以为姬昌是礼贤下士的人，原来是个逢场作戏的人，老夫依靠钓鱼为生，没时间闲聊。”说完，便收起钓钩拂袖而去。

姬昌见到这种情景，有些怅然，但转念一想：“他一定是大名鼎鼎的姜尚，只要我有诚意，就应该可以请到他。”过了三天，文王带上聘礼，再去渭水边拜望。姜尚见文王确实有诚心招揽人才，就出来迎接。文王非常高兴地说：“我祖父在世的时候，他曾经说，将来一定会有能人帮助周国兴盛起来，今天可算是盼到了。”说完，文王亲自把姜尚扶上车，一道返回宫中。就这样，文王把姜尚请出来帮助治理国家，后来辅佐周武王伐纣，建立了周朝。

《史记·周本纪》

天下都是老百姓的，君主要选拔贤明有才干的人为官。

本篇成语解释：

1.【添油加醋】比喻夸大事实或在原有事实上编造一些细节，歪曲事实。

2.【大名鼎鼎】形容名声很大。

姜尚是个贤人，因为不满殷商的官员做法，便辞官先做了些小生意，然后在渭水边钓鱼。“宁在直中取，不在曲中求”便是他“贤”得发慌的写照。最后，帮助武王建立了周政权。

武王伐纣

周武王（？——公元前1043年），名姬发，是周文王的次子。他即位后，迁周都至镐京。

商代最后一个国王纣，骄奢淫逸。老百姓怒气冲天，纷纷起来反抗纣的暴政。这时商的诸侯国周国由于励精图治，力量逐渐壮大。周武王认为讨伐商纣的时机已到，便率领军队，开始进发。出发前，他对官吏们说：“你们都好好听着：我是个愚笨的人，没有什么本领。但我一定要奖励有功的将士，惩罚作战不积极的人。”武王的军师姜尚也对全军发布命令：“集合你们各自的队伍，带上渡河的船只，限期到达指定地点，违期者斩首！”

接着周军浩浩荡荡地向东行进。大军很快渡过黄河，到达盟津。周武王一边摆开阵势，操练军队，一边嘱托姜尚去打听商都的详细情况。不多久，姜尚派去的密探回来报告武王：“启禀大王，商军还保存一定的战斗力。纣王的哥哥微子和大臣比干都是很有军事才能的人，现在攻打商军，恐怕为时过早，还望大王三思！”武王也感到现在不是最好的时机，便对部下说：

“纣是个昏君,不久就会众叛亲离,发生内乱。到时候,我们大举进攻,就能轻易取胜。”姜尚等大臣也表示赞同。

过了一些时候,商朝果然发生内讧。微子因为多次向纣王劝谏,怕遭杀身之祸,偷偷地逃跑了;比干向纣王拼死进谏,纣王勃然大怒,竟把他的心脏挖了出来。武王听说商朝一些有才干的忠臣不是被纣王害死,就是被抓了起来,纣王已经没有什么抵御力量了。他召集各位将领商议伐纣的大事,大家一致认为商纣王涂炭生灵,罪大恶极,应该被歼灭。于是,周武王派人通知各地诸侯,要他们到盟津集合。

武王和姜尚亲自率领兵车三百乘,敢死队三千人,甲士四万人,浩浩荡荡东进伐商。不久,周军抵达盟津,在那里与反商的八百诸侯会师。武王告诉他们说:“纣王罪恶滔天,让我们齐心协力讨伐他。”当时正赶上天降大雨,武王决心已定,他统领各路军队冒雨前行,强渡黄河,日夜兼程。一路上,他们没有遇到什么抵抗,队伍很快就到达离商都朝歌只有七十里的牧野。当周军进攻的消息传到朝歌时,商朝上下一片惊恐。商纣王正沉迷在酒色之中,慌乱之中调集兵力,部署防御。但这时候,商军既没有统兵的将军,又无法调回远在东南地区的主力部队。纣王无奈之下只好武装了一大批奴隶,连同正规部队共计约十七万人,自己亲自率领,开赴牧野迎战周军。

清晨,天刚蒙蒙亮,周军已作好了战斗准备。武王全副武装,左手持着黄钺,右手握着白旄,走到队伍前面,用雄浑而响亮的声音对部下说:“纣王偏信妲己的谗言,迫害忠良,杀戮百姓,连自己的哥哥和叔叔也不放过,真是丧尽天良,对这种祸国殃民的

暴君，我们要坚决铲除。希望大家奋勇作战，还有，千万不要杀害逃来投降的敌人。如果谁不服从指挥，我就要从严惩罚。”誓师完毕，武王下令向商军发起攻击。姜尚亲自带领一百名勇猛强壮的勇士冲到商军前面挑战，纣王果然气急败坏，立即指挥全军出击，武王也率领士兵们杀入敌阵。刹那间，杀声震天，烟尘滚滚，纣王的部队被杀得鬼哭狼嚎，很快就作鸟兽散。纣王见势不妙，马上逃回城内，但很快周军就将他包围了。纣王见大势已去，就穿上了缀满珠宝的衣服，在鹿台上放火自焚了。武王率军队迅速入城，正式宣告商朝灭亡，周朝建立。

《逸周书》

本篇成语解释：

1.【骄奢淫逸】形容生活的放纵奢侈，荒淫无度。
2.【励精图治】振奋精神，想办法把国家治理好。
3.【众叛亲离】形容不得人心，十分孤立。
4.【鬼哭狼嚎】形容哭叫声十分凄厉。

周武王提出“天视自我民视，天听自我民听”的重民思想，将“天意”归为民意，那么顺乎天意，就是顺乎民意，就必须讲究“德政”，而“选贤与能”就是实现这一理念的重要途径。周初杰出政治家周公旦明确忠告君王一定要勤政爱民、礼贤下士、重用人才，为此，他以身作则，“一饭三吐哺，一沐三握发”，为后人做出了光辉榜样。

管仲相齐

管仲（约公元前723或716年——公元前645年），名夷吾，春秋时期齐国颍上人，他辅助齐桓公成就了霸业，是历史上有名的大政治家。

齐桓公即位后，急需找到有才干的人来辅佐朝政，他准备请鲍叔牙出任齐相。鲍叔牙诚恳地对齐桓公说："臣不过是个平庸之辈。若要把齐国治理富强，还非得请管仲不可。"齐桓公惊讶地反问道："你不知道管仲和我有仇吗？"鲍叔牙回答："客观地说，管仲是当今难得的奇才。如果大王能赦免他的罪过而委以重任，他一定会忠心为齐国效力。"

齐桓公接受了鲍叔牙的建议，以非常隆重的礼节，亲自去迎接管仲，以此来表达对管仲的信任和重视。一见面，齐桓公就把自己想了很久的问题摆出来："你认为现在国家可以安定下来吗？"管仲深知齐桓公的政治抱负，就直截了当地说："如果大王您决心称霸诸候，国家就可以安定富强，如果您安于现状，国家就没有指望。"齐桓公听后说："我现在还不敢说这样的大话，等将来见机行事吧！"管仲被齐桓公的诚恳所感动，他急忙向齐桓公表示："大王免了臣的死罪，这是我的万幸。我能活到今天，就

是为了有一天能为富国强民出力；如果不这样，那我就是贪生怕死，一心为升官发财了。”齐桓公被管仲的肺腑之言所感动，正式任命他为齐国相公。

有一次，齐国和鲁国决定举行和好会盟。这次会盟十分隆重，会场布置庄严。只见祭坛高高耸立，两边大旗迎风招展，穿着盔甲的壮士神情严肃，十分威武。齐桓公和管仲挺直腰板坐在坛上。会盟规定，只许鲁国国君一人登坛，其他的随从人员都在坛上等候。当鲁庄公与卫士曹沫来到会场，将要登阶入坛的时候，会盟宾相十分客气地告诉他：“请曹沫将军不要登坛，这是规定。”没想到戴盔披甲的曹沫全然不顾，他手持短剑紧紧地跟在鲁庄公后面，瞪着大圆眼恶狠狠地看着宾相，吓得宾相后退几步，鲁庄公与曹沫就顺阶入坛。

鲁庄公与齐桓公经过一番谈判，准备歃血为盟，就在这时，曹沫突然拔剑而起，左手抓住齐桓公的衣袖，右手持短剑直逼齐桓公，齐桓公顿时被吓得目瞪口呆。说时迟，那时快，管仲沉着勇敢地箭步冲上去，插进齐桓公与曹沫中间，用身体保护住齐桓公，然后问：“曹将军一生光明磊落，怎么玩起这等小人的伎俩来了？”曹沫怒气冲冲地说：“齐国以强凌弱，把鲁国搞得城破墙毁，真是欺人太甚，我今天要讨个公道！”管仲镇定自若地回答说：“你这样做难道就不怕使鲁国失信于天下吗？周围的各个邦国谁还会相信鲁国呢？就算齐桓公和我都死在这里，但鲍叔牙才识过人，他会辅佐太子，重整军队，为齐国报仇的。”一席话说得鲁庄公心虚起来，他连忙装出笑脸说：“误会了，误会了。曹沫勇而无谋，回去我一定将他治罪。”然后转过身来，对曹沫厉声喝道：“还不快放下剑向齐桓公陪罪。”曹沫顿时软下来了，只

不要以为坏事小就去做，不要以为好事小就不去做。只有贤德的才能，才能让人佩服和臣服。

好收回剑走下坛去。双方又坐下来继续谈判，紧张的气氛很快平息下来。

齐桓公和鲁庄公又谈笑如故，并决定归还被齐国占领的鲁国领土。回去后，齐桓公却愤愤不乐，恨不得马上发兵灭了鲁国。管仲看出了齐桓公的心思："臣知道归还鲁国土地是出于无奈，但现在我们只好从长计议。"这时，一些官员忍不住了，他们嚷着要齐桓公毁了和约，攻打鲁国。管仲深明大义，劝说齐桓公："毁约不行，贪图眼前小利益，求得一时痛快，后果只能是在诸侯中失去信任，权衡利害，不如遵守和约，归还鲁国国土为好。"齐桓公再三斟酌后，听取了管仲的意见。不久，宋国、蔡国等纷纷背叛鲁国，倒向齐国。鲁国发生内乱，庆父杀死了鲁国国王，由鲁僖公即位，然后庆父又畏罪自杀。僖公感到孤独无助，哀叹鲁国当初不应该做出失信于天下的事。管仲审时度势，建议齐桓公和鲁僖公会盟。鲁僖公见势不妙，只好顺水推舟，与齐桓公会盟，再也不敢与齐国抗衡了。就这样，在管仲的策划下，齐桓公先后九次与诸侯会盟，成就了一代霸业。

《史记》

本篇成语解释：

1.【贪生怕死】贪恋生命，害怕死亡。
2.【顺水推舟】比喻顺势或乘便行事。

慎重择人

子产（？——公元前522年），即公孙侨，春秋时期郑国正卿。执政期间实行改革给郑国带来了新气象。

鲁昭公二十年，郑国的正卿子产因病去世。郑国的国君和百姓都伤心地哭了起来，人们都把子产当作自己最亲的亲人，说："子产离我们而去，我们怎么能安下心来？"孔子听说后，也流着眼泪说："以后的人恐怕难以赶上子产。"

郑国人之所以爱戴子产，是因为他治理郑国有方，尤其是能够选择贤人做官。他的手下，有能决断大事的冯简子，有会写文章的子大叔，有能说会辩的子羽，有能出谋划策的子皮。这都是因为，他选择人才特别慎重，一定要看准了才用。

有一次，子皮看到一个名叫尹何的青年很有才干，想任命他去治理封邑，就到子产家去征求他的意见。子产听了子皮的介绍后，沉思了一会儿，然后说："这个人年纪太轻了一点，又没有在地方上任过职，缺少治理地方的经验，不能肯定他能否胜任。"子皮说："这个人为人诚实，很听话，我特别喜欢他，他应该不会背叛我。我派他去当官，让他试一试，我想他会有进步的。"子产说："不行，他是你喜欢的人，你当然

希望能给他带来好处。但你知不知道，你这是在害他，就好比一个人还不会使用刀子，就要他拿刀去割肉，这样多半会割到自己手上。”子皮说：“我为官清正，难道您还不相信我吗？”子产连忙摇了摇头，诚恳地说：“你是郑国的栋梁之材，一旦栋梁被折断，椽子就会崩散，我们这些住在屋子里的人就会遭殃，所以我一定要提醒你。”子皮又说：“让他试几年，不行，再把他撤职就是。”子产说：“打个比方，你有一匹非常精美的锦缎，不会贸然交给一个没有裁过衣服的人去学着裁制吧？大的官职、大的封邑是用来为民众谋求利益的，这比一匹精美的锦缎还要重要；锦缎尚且舍不得给没学过裁剪的人去裁制衣服，难道能随便让毫无经验的人去担任大官、治理封邑吗？我只听说过先学习经验后去当政，而没有听过说先当政后学习的。”

子皮看到子产坚决不同意，就失望地回家去了。

看到子皮生气的样子，子产也觉得很不好意思，后来，他又亲自到子皮家走一趟，继续向他解释清楚。见了子皮，子产就举例说：“比如说打猎，假如这个人还没学会驾车，也不会射箭，哪里还能打到野兽呢？治理封邑也一样，叫他硬着头皮去干，说不定还会给国家带来损害！”子皮点了点头，说：“您说得很有道理，我只是觉得这个人很老实，还有一点头脑。”子产笑了笑说：“你这个人什么都好，就是有点急躁。知人知面不知心啊，你只是根据表面印象，就委他以重任，这哪里行得通呢？”

听了子产这番话，子皮也明白过来了，他说：“你讲得对，讲得很对！做衣服，我知道要叫经验丰富的人来做；治理封邑，关系到国家的安危和民众的利益，我却感情用事，真是见识浅薄的小人。”看到子皮明白了道理，子产非常高兴，就说：“我们先派他去封邑做个小官，让他跟着别人学习治理经验，根据他的表现再说吧！”

子皮心悦诚服，连声说是。

《左传·襄公三十一年》

本篇成语解释：

1.【栋梁之材】能做房屋大梁的木材。比喻能担负国家重任的人。
2.【心悦诚服】真心实意地服从或佩服。

在遥远的中世纪的欧洲，贤者是宫廷中的重要成员，一般为国王的军师或者为宫廷中的占星师或占卜师，他们都被视为是智慧的象征，向帝王们提供着最正确的意见。而在案教中，贤者也扮演着重要的地位，他们一般都是有着崇高声望的长者，抑或是赢等传教士或圣职者。

在我国，贤者如字面意，为贤明有才德的人。古文中的贤大多为对别人的敬称或是指代英明的君主。

东方圣人

孔子（公元前551年——公元前479年），名丘，字仲尼，春秋末期鲁国陬邑（今山东曲阜东南）人，著名的思想家、教育家。

孔子从小天资聪颖，勤奋好学。他母亲只要一有空闲时便教他读书认字，孔子一读即熟，过目不忘。他总嫌母亲教得太少，嚷着要上学堂。不过学堂的先生也只是按部就班地授课，满足不了孔子的求知欲望。母亲只好把他送到饱读诗书的外祖父家中。有了这么一个聪明活泼的外孙当学生，做外公的当然悉心传授知识。孔子在外公的耐心教导下，不知疲倦地吸取各方面的知识，并且学到许多做人的道理。有一天，孔子问道："君子与一般人有何不同？"外公回答说："君子有三忧：一是忧年少时不勤奋学习，长大后没有一技之长；二是忧年老时不传授学问，以后没人纪念；三是忧发了财不知布施，一旦穷途潦倒便没人来救助。"孔子说："我将终身不忘您的教诲。"

孔子常和鲁国的贤士大夫周游列国时，不厌其烦地向各国国君讲解仁义道德。他常说：“现在天下大乱，已是无法挽救；但如果天下太平，一切都很好，就不用我们来改革现实了。我们追求的事业或许无法实现，但我照样要努力去做。”

有一次，孔子去见齐景公。齐景公为了笼络这位大学问家，决定把廪丘那块地方送给孔子，作为他颐养天年之处。孔子婉言推辞，怎么也不肯接受。齐景公只好让孔子驾车离开齐国。回到家后，他的学生都对这件事大惑不解。孔子说：“君子应当先立功，后受禄。我今天给齐景公提了很多建议，但他都不采纳，这说明我没有功劳，而他却要把廪丘那块地送给我。你们说，我能接受吗？景公他太不了解我了。”

对自己的学生，孔子也严格要求。据说，子路一开始去拜孔子为师时，衣着华贵，俨然一副学者模样。孔子见了不太高兴，说：“子路，你这样衣冠楚楚，到底是为什么？你可知道，长江从岷山流出来，水很小，只能浮起酒杯；等到了下游，才表现出裂岸吞舟的气势。你现在就这样洋洋得意，有谁愿意收你做学生呢？”于是子路马上换了衣服再来。孔子便对他说：“子路，你得记住，说话负责的人不随便说话，行为周到的人绝不自夸。把才能都显在脸上，那是轻浮的小人作派。君子知道就是知道，不知道就是不知道；能干就是能干，不能干就是不能干。”子路心里感到十分惭愧，他对孔子说：“我以后再也不敢这样了。”孔子这才高兴地说：“人犯了错误，要在内心反省自己，不要重复犯同样的错误。人犯错误，就像日月之蚀，错的时候,人人看得见;改的时候,人人仰望着。改正错误,也就没了错误。你以后多加注意。”子路这才喜出望外,孔子终于同意收他为徒了。

“仁”是孔子思想的核心。他认为,人人都要怀一颗仁爱之心,统治者更要施行仁政。有一次,孔子及其弟子子贡、颜回等人在路上陷入困境,恰好被楚国军队相救。楚昭王率领大臣出城十里欢迎孔子。在宴席上,楚昭王向孔子请教治国之道。孔子回答说:“大王打算成就汤武一般的功业,就必须修养道德,施行仁政。具体地说,就是要减轻刑罚,重视品德教化;减轻徭役,少征赋税;不可大兴土木,而要鼓励农业生产,防治水旱灾害;大力兴办学校,救济孤儿和寡妇。一旦天时地利都能得到,二十年之内一定会让天下信服。大王要是想像齐桓公那样干一番大事,还必须整顿吏治,充实军备,振兴工商业,改进粮食品种,以富国强民为根本,并坚决疏远小人、亲近贤人,三五年即可称霸中原。”

孔子一生奔波劳累,晚年又专心著书。孔子虽然出身贫寒,然而后人无论王侯将相,学者富贵,无不世世代代尊他为大圣人。

《史记·孔子世家》

本篇成语解释:

1.【过目不忘】形容记忆力特别强。

2.【穷途潦倒】比喻处境困穷,潦倒失意。

3.【大兴土木】大规模地兴起土木工程。

墨子救宋

墨子（约公元前468年——公元前376年），名翟，原为宋国人，后久居于鲁国，是春秋战国之际的思想家、政治家，墨家学派的创始人。

战国时期，各个诸侯国之间互相征伐，今天你打我，明天我攻你，战争频仍，老百姓吃足了苦头，都希望各国能和平相处。有个叫墨翟的人，学问很深，在各诸侯国中声望很高，各诸侯都想拉拢他，叫墨翟为他们出谋划策。但墨翟并不愿意帮助他们打仗，相反，他号召各诸侯国相互友爱，不要打仗。

有一次，楚惠王要灭掉弱小的宋国。他听说宋国的城墙很高，就请当时最有名的工匠公输班（即鲁班）制造了一种叫云梯的攻城器械，这样，楚国的士兵就可轻而易举地爬上宋国的城墙，攻打城池了。

这时候，墨子正在鲁国讲学。一位学生跑来对他说："先生，楚国正准备攻打宋国。"墨子开始不太相信，说："宋国城墙非常高，楚惠王应该知道不那么容易。"学生急忙告诉他："先生有所不知，公输班发明了一种云梯，楚国士兵将用它来登城墙。"墨子听后，马上集合自己的学生，叫他们拿起武器，到宋国去帮助守城。自己则收拾好行李，准备赶往楚国，去劝说楚惠王。

墨子日夜兼程，饿了就吃一点随身带的

聪明和聪慧是不一样的。聪明只是指IQ高，而聪慧是不仅聪明，还知道在什么地方该聪明，在什么地方不该聪明。

干粮，渴了就捧几口井水喝，一连走了十天十夜，脚都磨出了几个大血泡。但他咬紧牙关，终于坚持走到了楚国的都城郢都。

墨子先去看望公输班。公输班见墨子满脸灰尘，便对他说："先生一定是远道而来，路上可吃了不少苦？"

墨子说："我从千里以外的鲁国赶来。"

"先生不辞辛苦，有什么指教？请讲！"

"鲁国有人欺负我。我想请您为我报仇，把他杀掉。"墨子严肃地回答。

公输班听了很不高兴，默不出声。

墨子又说："我出一千两黄金作为报酬，您愿意吗？"

公输班一口回绝："我向来讲仁德，绝不会帮您去杀人。"

墨子马上站起身来，向公输班磕了三个响头。公输班知道墨子声名显赫，急忙把墨子拉起来说："先生品德高尚，我久仰大名，怎能受您磕头，外面的人一定会笑我不懂仁义。"

墨子说："您既然讲仁义，那么，我问您，您帮楚惠王造云梯，准备攻打宋国，宋国究竟有什么罪过？"

公输班呆呆地看着墨子，答不上话来。

墨子趁势又讲下去："楚国地多人少，你们何苦要驱使本来就不多的楚国人，让他们去战场送死，争夺的土地。这种做法实在不明智。您讲仁义道德，宋国没有罪，您却帮助楚王去攻打它，这不是要杀许多人吗？我不知道您的仁义是什么含义？"

公输班理屈词穷，只好说："先生讲得确实有道理。"

墨子乘机说："我既然讲得对，那你们为什么不取消侵犯宋国的计划呢？"

公输班摇了摇头，叹道："楚王已经作出决定，恐怕不能更改了。"

墨子就叫公输班带他去见楚惠王。

见了楚王后，墨子用皮带围作城墙的模样，再拿小木牌当武器，和公输班进行攻守的演习。

结果，公输班连输了九次，只好点头服输。

墨子告诉楚王："我的学生已作好了应战准备，你们要去攻打宋国，就准备吃败仗吧！"

楚惠王这才知道，楚军攻打宋国不得人心，也没有必胜的把握，只好取消攻打宋国的计划。这场战争就这样被墨子阻止了。

《墨子》

本篇成语解释：

1.【轻而易举】形容毫不费力。

2.【理屈词穷】理由站不住，再也不能说出什么话了。

3.【不得人心】得不到群众的支持和拥护。

入国问朝而不关注仁人志士，就会亡国。见到贤人而不急于任用，就会延误其君。不是贤人，无人与你共缓急，不是志士，无人与你共商国事。怠慢贤人，忘了志士。这样而能保全国家。那是从来没有的事。

尊重贤良，任用能人，英俊豪杰能安排在适当位置上，这样天下的人都会愿意在这样的国家里做事。

能言善辩

孟子（公元前 372 年——公元前 289 年），名轲，邹人，生活在战国中期，是继孔子之后的又一位儒家代表人物。

有一次，孟子的学生公孙丑请教孟子说："如果老师能够当上齐相，实现自己的主张，由此使齐国成就霸业，也不足为奇。若是这样，您是不是会有所疑惧而动心呢？"

孟子说："不。我四十岁后就不再动心了。"

公孙丑问："做到不动心有什么办法吗？"

孟子说："有。北宫黝培养勇气的方法是：皮肤受刺不退缩，眼睛被扎不逃避。受到别人一点点刺激，就好像在大庭广众面前挨了鞭打一样；不受制于拥有万乘车骑的大国之君，也不受制于穿粗布衣服的匹夫；把刺杀君主看成跟刺杀一个平民百姓一样。不畏惧诸侯，听到辱骂，一定反唇相讥。"

而孟子培养勇气的方法，用他自己的话说是：把不能战胜的看成能够战胜的；如果是先估量敌人力量再前进，考虑能稳操胜券再交手，这是害怕敌军强大的人。我哪里能每战必胜呢？我只是能做到无所畏惧罢了。从前曾子对子襄说："你喜好勇敢吗？我曾听到夫子

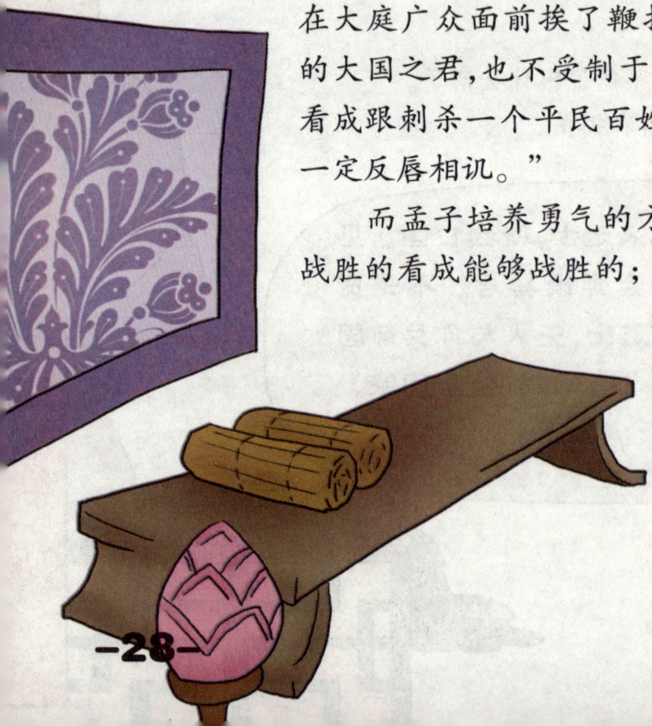

谈到什么是大勇,扪心自问,感到理屈,那即使是穿粗布衣服的贫民,我也不去恐吓他;只要正义在我这边,即使是面对千万人,我也勇往直前。”孟子保持勇气的方法,又不如曾子更能守住要领。

公孙丑问:“我冒昧地问一下,您的不动心的方法可以讲给我听听吗?”

“告子曾讲:‘假如言语上无所得,不要向心志中探求;心志中无所得,不要从意气上寻找。’心无所得,不求助气,是可以的;但言语无所得,不求于心志,是不行的。志,是气的主帅;气,充盈于体内全身。志到了哪里,气也就随之而到。因此,保持自己的志,不要损害自己的气。”

“既然‘志到了哪里,气也随之而来’,又说‘保持自己的志,不要损害自己的气’,这是为什么呢?”

孟子说:“志太专一就会触动气,气太专一也会触动志。比如走路跌跌撞撞的人,就是太专一于气造成的,反过来又触动了心。”

“请问老师您的专长是什么?”

孟子说:“我能辨别各种言论,我善于培养我的浩然之气。”

“请问什么叫浩然之气?”

“很难说明”,孟子回答,“它作为气,极为盛大、刚健,以正直之道来培养后而不要加以伤害,它就会充盈于天地之间。它作为气,是配合着义与道的。如果做事感到内心有愧,那这种气就没有力量了。”

公孙丑说:“我一定要培养这种气,而不停止。”

“心中不可忘却，也不要人为地去帮助生长。不要学宋国人那样：宋国有个人担忧他的秧苗不长，就把它们全拔出来一节，累得头昏眼花，十分疲惫，还对家里人说：‘今天可把我累坏了！不过秧苗长高了！’他的儿子赶紧跑到田里去看，秧苗早已枯死了。拔苗助长，不但无益，反而会伤害它。”

“什么叫能辨别各种言论呢？”

孟子说：“偏颇的言辞，要知道它的片面之处，过分的言论要知道它理屈的地方，歪曲的话语，要知道它的失误。这些言论，如果在政治上实施，就会危害国家的具体事物。圣人再度兴起的话，他一定会赞同我的话。”

《孟子·公孙丑上》

本篇成语解释：

1.【反唇相讥】反过来口头责问对方。

2.【稳操胜券】比喻有充分的把握取胜。

胡服骑射

赵武灵王（约公元前340年——公元前295年），战国时赵国国君，名雍。前325年至前298年在位。他推行改革，使赵国势力日益强大。

战国中期，赵国势力弱小，成了各国攻打欺凌的对象。秦国出兵占领了赵国一大片土地，就连周边的少数民族也经常骚扰赵国的边境。这时，一位年轻英俊的国王即位了，他就是赵武灵王。看到赵国兵败国衰的凄惨景象，赵武灵王决心奋发图强，不让赵国再受人欺侮。

有一天，他带领大臣楼缓巡视了边境的形势之后登高远眺，倚天长叹一声道："我赵国落到今天这个地步，是因为没有一支强大的军队啊。"

楼缓也点了点头，附和说："我们若不再改变现状，终有一天会成为别人的盘中餐。"

赵武灵王说："胡人作战能力十分强，我打算学习他们的长处。"

于是，他和楼缓化装成两个匈奴牧民，悄悄潜入匈奴军营，他们躲在丛林里观看匈奴士兵训练。只见匈奴兵个个穿着短装，行动十分轻便，往来如飞，

十分敏捷。尤其是他们骑马弯弓的威武动作把他们俩看得目瞪口呆。

回到赵国后，赵武灵王问楼缓：“此番匈奴之行，你有何感受？”

楼缓答道：“臣以为应该训练骑马射箭的本领，我们拖着战车打仗，太不方便。”

赵武灵王补充说：“不仅如此，我们还要改穿胡人的短装。”

“这样好是好，就怕官员和百姓不能接受。”楼缓十分担心。

赵武灵王又找来另一位大臣肥义商议：“我想在赵国推广胡人的短装，并教士兵骑马射箭。不过这样做会招来许多人的反对。我想要你谈谈自己的看法。”

肥义心直口快，鼓励赵武灵王说：“一个人想创建非凡的业绩，还怕别人反对，这怎么能行？还犹豫什么，只要大王旨令一下，我肥义冒死也要支持您。”

有了两位德高望重的大臣支持，赵武灵王的决心更坚定了。这一天，他穿起胡服去上朝，文武百官见了都感到十分惊奇。平时稳重精干的国君怎么穿上胡人的服装，成何体统？一时间，朝野上下议论开了。有人说：“堂堂一国之君，穿上那么丑陋的胡服，不是自扫威信吗？”还有人说：“中原的国家，向来都遵循先代圣贤的教导。可如今大王却效法边远小邦的做法，多没面子！”

赵武灵王的叔叔公子成，更是满腹牢骚，他当着赵王的面说：“您如今成了一国之君，却打扮得像个胡人，您父母在世的话，不气死才怪！我这个做叔叔的是不会忘了祖宗的！”说完，拂袖而去。

肥义见公子成这般无礼，请求赵王将他治罪，以告诫那些胆改违抗命令的人。赵王说："我还是跟他讲一讲道理吧。"

赵王跑到公子成家中。见了面，他就问公子成："您认为先父最大的耻辱是什么？"

"那当然是被秦国夺城占地。"

"那您认为，我们有什么办法可以报仇兴国？"

公子成也讲不出什么好办法。赵王趁机开导他："各地习俗不同，礼法也有所差别。远近的服饰，即使圣贤也不能统一它。我们改变服装，学习骑马射箭，还不是为了使我们的军队强大起来，为了保家卫国、报仇雪耻嘛。"

公子成终于被说服，并请求赵王赐给他一套胡服。第二天，公子成就穿上胡服上朝去了。朝中官员见此情景，也只有放弃旧俗了。

由于穿着短装学习骑马射箭，大大方便了军事训练，赵国军队日益强大了起来。

《战国策·赵策》

本篇成语解释：

1.【奋发图强】鼓起劲来，力争上游。
2.【心直口快】形容性情直爽，有话就说。
3.【德高望重】现指道德高尚，在群众中有很高的声望。

赵武灵王是我国古代一位杰出的军事家和改革家，对中国的历史产生了积极而深远的影响。

窃符救赵

信陵君深谋远虑、目光长远、不居功自傲、不以富贵逼人，可以与屠者在市井谈笑风生，可以为了求贤穿越整个大梁。

信陵君（？——公元前243年），战国时魏宗室大臣，是魏昭王的次子。

公元前257年，赵国都城邯郸被秦军团团包围，形势非常紧急。赵国相国写了一封信给魏国公子信陵君，信上说："请您要求魏王派兵，快速前来救助赵国。"

魏王怕赵国灭了，对魏国也不利，就派大将晋鄙，带领十万大军前去救赵。秦昭襄王知道后，派使臣恐吓魏王："赵国迟早要被我灭了。谁要是敢帮赵国，等我占了赵国，就灭掉谁！"

魏王害怕秦国强大的军队，只好派人通知晋鄙，叫他暂时按兵不动，等形势有所变化再行动。平原君盼望魏军到来，非常着急，又接二连三派人去催促信陵君。信陵君也没有办法，只好带领自己的一千多个门客，乘了一百多辆战车，准备和秦军拼个你死我活。

队伍抵达城门的时候，信陵君见了自己的老朋友侯嬴，便走上前去说："您老人家很有计谋，帮我们出个好主意吧。"接着。又把自己要和秦军决一死战的事情告诉了他。侯嬴冷冷地说："公子您多多保重吧！我这把老骨头已经不中用啦。"

信陵君只好继续向前赶路。突然，他想，侯嬴向来都热心帮助我，这次怎么漠不关心，是不是不该去呢？他马上掉转车头，决计去向侯嬴问个明白。

侯嬴见信陵君打了转，笑着说：“我就知道你要回来的。”

“您怎么知道？”信陵君非常惊讶。

侯嬴说：“公子带的这千把号人马去和秦军拼命，跟把肥肉丢给老虎吃有什么两样？公子平时对我这么好，如今去送死，我却连送也不送，我料想公子一定恨死我了，要来问个明白。”

信陵君说：“您老真是神机妙算啊！”

侯嬴拉着信陵君的手，把他拖到一个僻静的地方，小声说：“救赵国还得靠军队，如今魏军由晋鄙统领。我听说调遣军队的兵符藏在魏王的卧室里，魏王最宠爱的妃子是如姬，只有她可以随便进出魏王的卧室，偷取兵符。”

信陵君听后高兴地说：“我可以说是如姬的恩人，三年前，她的父亲被杀，连魏王也没有办法报仇，是我派人帮她杀了仇人。不过，我不能叫她一个弱女子去冒险。”侯嬴说：“如姬为了报答公子的恩情，一定乐意为公子效劳。只要救了赵国，魏王也就不会怪。罪她了。”

信陵君想了想，说：“现在也只能这样做了。”

如姬接到信陵君捎来的信后，马上把兵符从魏王卧室里偷了出来，交给信陵君。

侯嬴又告诉信陵君：“大将在外，对国君的命令可以不接受。晋鄙是个有心计的人，他很可能不交出兵权，那时候，你就带上朱亥这个大力士，将晋鄙杀掉。”

信陵君说：“晋鄙是个有名望的老将，我真不忍心杀这样有功德的人。”说完，就流下了眼泪。

侯嬴说：“事到如

今，也只有以救助赵国为重了。”

于是，信陵君带上朱亥，赶到魏军驻地，找到了晋鄙，要他交出兵权。

晋鄙核对了兵符，发现兵符是真的，但心里总有点怀疑。他问：“公子怎么单身前来接替十万大军了？这事非同小可啊！”

朱亥见晋鄙不肯接受命令，就用大铁椎猛一下把他打倒在地。

信陵君拿着兵符，接管了魏军。经过奋勇战斗，解救了赵国。

战后，赵王再三拜谢信陵君，说：“自古以来，没有人能赶得上公子这样的大贤大德之人啊！”

《汉书》

本篇成语解释：

1.【漠不关心】形容对人或事物冷淡，不关心。

2.【神机妙算】形容计谋高明。

3.【非同小可】形容事情重要或形势严重，不可轻视。

侯嬴并没有阻止信陵君，并不是因为他怯懦胆小，而是他知道阻止不了，要保全信陵君的美名只能由他去，而私底下自己已经为其筹划好了一切。所以当信陵君为侯嬴不出言送行，感到困惑而返回询问时，侯嬴即献出了窃符救赵的计谋。

六亲不认

霍光（？——公元前68年），字子孟，西汉河东平阳人，是名将骠骑将军霍去病同父异母的兄弟，为人端正严谨。

汉武帝七十岁的时候，身患重病，他把大臣霍光叫到身边，送给他一幅“周公背成王朝诸侯图”。霍光流着眼泪问汉武帝：“如果皇上有个三长两短，由谁来继承皇位呢？”汉武帝说：“立我的小儿子弗陵为太子，由你来辅佐国政。”说完就溘然长逝。

刘弗陵即位，他就是汉昭帝。

霍光每天凝视着先帝送的那幅图时，都要想起古代周公辅佐年幼的成王的故事。

“先帝是要我来履行像周公辅佐成王一样的职责，我哪能有丝毫怠慢呢！”为此，霍光处理政事更加谨慎，总是尽心尽职。

一天。另一位辅政大将军上官桀来找霍光，刚见面，上官桀就说：“亲家，您看我的孙女和皇上年龄相当，我想把她送进宫去，不知您有什么意见？”

“你的孙女儿不就是我的外孙女嘛，谁不希望儿孙有出息啊。”原来，霍光的大女儿嫁给了上官桀的儿子，他们是儿女亲家。

上官桀听到霍光这么一说，高兴得合不拢嘴，他凑上去问霍光：“这么说，霍大人是同意这件事？”

霍光看出了上官桀的如意算盘，他是

要把孙女儿嫁给昭帝，将来可立为皇后，为自己谋取权势。于是，霍光秉公直言说：“她才六岁，就送进宫去，这样做很不合适，朝中官员一定会议论纷纷，说我们为自己谋私利。”

上官桀听了很不高兴，但他并不死心，想另外找个办法，把孙女送进宫去。左思右想，上官桀终于找到了新的目标。他知道汉昭帝自幼丧母，由姐姐长公主照顾，所以一直很听长公主的话。于是他就让长公主的门客丁外人求长公主出面。

才干越高的人，其缺点往往也越明显，有高峰必有深谷，谁也不可能十项全能。

就这样，上官桀的孙女就顺利入宫了，几个月后就被立为皇后。上官桀非常感激丁外人的帮助，想予以报答，打算帮助丁外人封侯，并为这事去找霍光。霍光坚持“无功不得封侯”的原则，他坦率地对上官桀说：“汉高祖在世时，就立下规定，‘无功不得封侯’，现在丁外人既无战功，也无政绩，你要封他为侯，理由是什么？”

“霍大人，我和您是亲家，您可以不顾我的情面，但丁外人也是您的亲外甥呐。”上官桀又耍出了老把戏。

“他不珍惜自己的前程，行为放荡，我为有这样一个外甥感到耻辱。”霍光冷冷地说。

出于无奈，上官桀只好降低要求说：“那就封丁外人为光禄大夫总可以吧！”

没想到霍光毫不留情地说：“那也不行，丁外人在朝野上下声名狼藉，无论什么官爵都不能封，请你以后不要再提他了。”

上官桀在霍光面前碰了几次壁，又羞又愧，再也不敢提出过分要求了。

又有一次，三朝元老桑羊弘拄着拐杖，来找霍光，要为自己的子孙在朝

廷谋求一官半职。桑羊弘自恃功高，又和霍光是亲戚，满以为能办成这件事，但霍光劝导他说："您有功劳，朝廷赏赐您是应该的，但您的子孙必须凭自己的本事才行，哪能靠您的功劳做官呢？"

由于霍光忠心耿耿，不谋私利，朝野上下都对他赞口不绝。

《汉书·霍光传》

本篇成语解释：

1.【如意算盘】比喻只从好的一方面着想或打算。

2.【声名狼藉】形容名誉坏到极点。

3.【忠心耿耿】形容非常忠诚。

治乱能臣

龚遂，字少卿，西汉山阳平阳人。汉昭帝时任昌邑国的郎中令，汉宣帝时任渤海郡太守，是历史上有名的地方官。

汉宣帝中期，渤海郡周围发生了严重灾荒，老百姓缺衣少食，日子过得十分艰难。而贪得无厌的地方官却完全不顾百姓死活，想方设法征收各种赋税。许多饥民走投无路，被逼得揭竿起义，而各地盗贼也趁火打劫，一时间渤海郡陷入一片混乱。

消息传到京城长安，汉宣帝急得茶饭不思，夜不能寐。他传令文武百官推荐一位能干的官员去整顿渤海郡的社会秩序，可是举荐上来的人不是有勇无谋，就是有谋无勇，宣帝都不太放心。

正在宣帝苦苦思索的时候，御史大夫求见。宣帝喜出望外，忙把他召进宫来："莫非你发现合适的人选了？"

"陛下，臣以为曾任昌邑郎中令的龚遂可以去。他曾经为了劝谏荒淫无度的昌邑王，把头都磕出血来，可见他的忠心；他能用计让昌邑王疏远了小人，可见他的智慧；他能当着昌邑王的面提出废了他的皇储位，可见他的勇气。我看，能胜任这一艰巨任务的非龚遂莫属了。"

这时候，丞相也来了，宣帝问他：“你认为谁是最佳人选？”丞相马上回答说：“龚遂可以胜任。”宣帝听了十分高兴，这两位重臣都不约而同来举荐龚遂，料想他一定是一个杰出的人才。于是，他立即召见龚遂。

等了几个小时，一个瘦小的老头走进来了。汉宣帝睁大眼睛一看，不觉有些失望。“头发胡子都白了，又长得这么丑，不像是个有才干的人。”汉宣帝心想，“但他既然来了，就试一试他吧。”

宣帝问龚遂：“现在渤海郡一带的局势混乱，民不聊生，朕心急如焚。你有什么好办法来平息这一带的乱民闹事，使社会重新安定下来呢？”

龚遂直截了当地回答说：“渤海郡离京都十分遥远，因而皇上的恩惠没有推及到那个地方，长期得不到朝廷的教化。那里的地方官更是胆大妄为，残酷压榨百姓，完全是官逼民反啊！”宣帝点了点头。

“皇上派我到渤海郡去，是要我用武力去剿杀那里造反的穷苦百姓呢？还是要我采用教化的办法来缓解矛盾，平息事态呢？”龚遂问宣帝。

汉宣帝听了龚遂的问话，非常高兴，对龚遂说：“我不给你派一兵一卒，就是要你去安抚百姓，让他们安居乐业，发展生产。”

龚遂见皇上和自己想到一块儿了，就胸有成竹地对宣帝说：“治理乱民，就像把一团乱麻理出个头绪来一样，千万不能操之过急，不然的话，越急越乱。唯一的办法就是慢慢来，以便相机行事，从容应付。”

宣帝越听越高兴，又问龚遂有什么要求。龚遂说：“我只想请求各位大臣，暂时不要拿原来的各种

善国者，爱民如父母之爱子女，兄之爱弟妹，闻其饥寒为之哀，见其劳苦为之悲。——汉·刘向

法令条文来束缚我的手脚，要让我灵活机动地处理各种问题。我相信，我不会辜负皇上的重托。”汉宣帝欣然接受他的请求。

龚遂穿着普通的衣服，驾着简陋的马车上任去了。刚一到渤海郡，那里的官员早已守候在路旁，沿途的官兵全副武装，杀气腾腾。龚遂不愿吓唬百姓，就把官兵解散了，并当着官兵和老百姓的面说：“明天我就开仓放粮，没米下锅的都可以来接受救济。不准再抓造反的老百姓。谁只要回家安心务农，我就决不再追究他们的过错！”

龚遂言行一致地实行安抚百姓的政策，渐渐平息了老百姓心中的怒气。他们纷纷上交手中的武器，拿起锄头耙子种田去了，渤海很快又恢复了安定的秩序。

《汉书·龚遂传》

本篇成语解释：

1.【走投无路】无路可走，已到绝境。

2.【趁火打劫】趁人家发生火灾时去抢劫。比喻在别人有危难时去捞好处。

3.【胸有成竹】在下笔画竹之前，心中早已有了竹子的形象。比喻做事前早有了主见。

断织劝夫

乐羊子妻，东汉年间人，是万世称颂的贤妻良母。

东汉时期，河南有一个非常能干的女子，她不仅相貌姣好，而且诚实善良。许多有钱人家的子弟纷纷向她求婚，但她不为金钱所动，嫁给了忠厚老实的乐羊子。

结婚后，乐羊子妻纺纱织布，把家庭治理得井井有条。乐羊子对此感激不尽，对妻子也十分体贴，夫妻恩恩爱爱，过着简朴而又和睦的生活，当地的人十分羡慕他们。

一天，乐羊子在家里踱来踱去，就是坐不下来。妻子看到丈夫这样六神不定，知道他有什么心事不好说出口，便问道："夫君难道有什么话不可以对我说的吗？"

乐羊子支支吾吾了一阵后，就说："我自学这么多年，却没有什么长进。我想到远处去拜师求学，不知夫人意下如何？"

"这是大好事啊。"乐羊子妻微笑着说，"好男儿志在四方，孔圣人不也要拜老子为师吗？你尽管潜心做学问去吧，家里的事有我呢！我再苦再累也心甘。"乐羊子在妻子的鼓励下，坚定了信心。

乐羊子这一辈子还是头一次出远门，妻子为丈夫精心准备了一番。她日夜

赶制棉衣，整理行装，备好干粮。

这一天，乐羊子终于出发了，妻子送了他一程又一程，总是千嘱托万叮咛，要丈夫安心学习。乐羊子望着她憔悴的脸庞说：“我走后，家里的活全交给你了。”妻子轻轻地说了一声：“就盼你能学成归来，也算我没白辛苦。”就这样，夫妻告别了。

过了一年，他们的小孩也能走路说话了。乐羊子妻一边辛勤地劳动，一边盼望着丈夫学有所成后，回家团聚。

一天，小孩突然拖着乐羊子妻往外门跑说：“妈，外面来了个客人。”乐羊子妻抬眼一看，原来是丈夫回来了。望眼欲穿的乐羊子妻当然非常高兴，她赶紧跑上前去迎接。

一见面，丈夫说：“出门久了，心里惦记着你和孩子，回来看看。”

“你没有什么要紧事？”乐羊子妻反问道。

“没有什么特别的事情。”乐羊子很难为情地回答。

妻子听了丈夫的话，沉默了一阵。她希望见到丈夫，但更希望丈夫勤奋学习，做个有出息的人。想到这里，她毫不迟疑地拿起剪刀走到织布机前，准备把织锦剪断。

乐羊子赶忙上去拉住妻子，说：“我究竟做错了什么事情，夫人要剪断织锦，这可是你多少个日夜辛劳的结果啊！”

乐羊子妻严肃地说：“这个织锦是从养蚕抽茧开始，在织机上织成；一根丝一根丝地积累起来，直到成寸；再一寸一寸不断地积累，才成丈成匹。现在如果割断这个织锦，就丧失了已有的成果，荒废了时光。夫君从事学习，应当每天学到自己所不知道的东

贤惠：一般用来形容妇女，指成家后的妇人持家有道，心地善良，通情达理，懂得相夫教子，能够孝敬父母。

西，日积月累，使学业完成。如果中途回来，跟割断这个织锦有什么不同呢？”

乐羊子听后非常惭愧，他连忙对妻子说：“夫人言之成理，我太没有恒心了，真不该辜负你的期望，我要是再不努力学习，就不算条汉子！”

乐羊子妻见丈夫明白了自己的过错，会心地笑了。

乐羊子立即返回到老师那里，刻苦钻研，后来终于成为一个很有学问的人。

《后汉书·列女传》

本篇成语解释：

1.【望眼欲穿】形容对远地亲友的殷切盼望。
2.【日积月累】一天一天，一月一月地积累。
3.【言之成理】话说得很有道理。

“妻贤夫祸少”，请学习古代的乐羊子妻，争当“贤内助”。当好“贤内助”，既是对丈夫的真爱，也是对自己的未来负责。

妙计迁都

北魏孝文帝（公元 466 年——公元 499 年），即拓跋宏，北魏第七位皇帝，在位期间进行较大改革。

北魏孝文帝是个鲜卑族人，但他从小读了很多书，对汉族文化非常向往。他常常在和别人谈论国家大事时说："国家要富强，就得学习先进的汉族文化。"当时的人都对他的话大惑不解。

孝文帝正式即位后，决定迁都洛阳，以便于加强和黄河流域汉族人民的交往。迁都是件大事。许多鲜卑贵族的房屋土地都在原来的都城平城，当然不愿意离开。为了解决迁都问题，孝文帝想出了一个很巧妙的办法。

公元 493 年的一天，孝文帝召集文官武将宣布："我准备出兵南征，进攻南齐，请大家为我出出主意。"

大臣们听了，都感到很意外。任城王拓跋澄当着大家的面说："皇上怎么一时糊涂了？我们的军队人数不多，现在粮草又不是十分充足，不能够南征。"其他大臣也都跟着劝说孝文帝，要他放弃南征的计划。

当天晚上，孝文帝亲自跑到拓跋澄家里。拓跋澄看到皇上登门来访，十分惊慌，就连忙跪下说："今天我不应该指责皇上，请饶恕我的罪过。"

孝文帝连忙把拓跋澄扶起来说："你既是我的叔父，也是我信任的老臣，在朝廷中很有威望，我想跟你商量一下南征的事。"

拓跋澄说："皇上下决心南征，有什么意图吗？"

孝文帝说："我提出南征，不过是个借口，我只是想借这个机会迁都洛阳。"

拓跋澄这才明白皇上的意思，表示一定支持皇上的计划。

这年七月，孝文帝率领文武大臣和二十万军队，向南进发，大军很快攻到了洛阳。休整了一个周后，孝文帝又穿上戎装，扬鞭催马，准备继续南进。大臣们都不肯前进，拦住马头，跪在地上，请求停止南征。

孝文帝勃然大怒，说："我要夺取天下，你们竟敢阻拦，难道不怕受责罚吗？"

一位大臣回答说："十多年前，太武帝也曾经出兵南征，结果大败而归。希望皇上吸取教训。"另一位大臣哭着说："皇上不怕损兵折将，也要为您自己的安危想想。"其他的大臣也都跟着哭了起来，请求孝文帝停止进军。

等大臣们安静下来，孝文帝严肃地说："你们既然贪生怕死，我也不勉强你们。不过，这次兴师动众，声势很大，最后却毫无结果，那多丢人现眼！我们祖祖辈辈居住在北方，我早想迁都中原。如果不南征，就把都城迁到这里。我这个要求，你们总该答应吧。"

大臣们都一声不吭。孝文帝就下令："愿意迁都的站到左边，不愿意的站到右边。"

拓跋澄立即走出来站在左边，并且说："皇上停止南征，是为了各位大臣；迁都洛阳，也是顺应大家的期望，还有谁愿意站在右边呢？"

人君怕的是不能处心公平，推诚待人。——北魏孝文帝

经拓跋澄这样一说，有些人虽然不愿迁都，但害怕南征，也不便再反对。于是，所有大臣都站在左边，高呼“皇上万岁，万万岁！”

迁都洛阳就这样定下来了。这对促进各民族融合和北方社会经济发展，都起了积极作用。

《资治通鉴》

本篇成语解释：

1.【勃然大怒】形容十分愤怒，一下子大发脾气。
2.【兴师动众】原指出兵，现在形容发动了很多人。

贤人之所以贤明，主要是因为他们的着眼点是一大群人而不是自己及自己的亲朋好友。因此，他们的视野也比凡人更加广阔。

法不赦子

隋文帝（公元541年——公元604年），即杨坚，陕西华阴人，是隋朝的建立者，在位二十余年，多有建树。

杨俊是隋文帝杨坚的第三个儿子，从小聪明可爱，长得十分清秀。隋文帝对他非常宠爱，每天都要亲自教他习武读书，希望他长大后能有所作为。

杨俊刚满二十岁，文帝就封他为秦王，又任命他为大将军，去外地带领军队，坐镇一方。上任前，文帝对他说："你千万不要因为是皇子而放纵自己，而应更加严格要求自己，为朝廷树立榜样。"

杨俊在外地任职，起初还能记住父皇的谆谆教诲，对待下属十分谦虚，生活也非常俭朴。当地的官员都夸："皇上教子有方，杨俊一定能干出一番事业。"

隋文帝知道杨俊在当地的声誉很好，非常高兴，就下令奖励，赐给他一些珍贵的物品。可是后来，杨俊在别人的吹捧下，越来越骄傲自满。他的生活日益奢侈，为了贪图个人享受，残酷地剥削穷苦百姓。老百姓叫苦连天，对杨俊很不满。他们编了歌谣说："杨俊是个好儿子，吃了国库吃百姓。"

这事传到隋文帝耳朵里，他立即

派人去查问，并命令他停止剥削百姓。杨俊过惯了奢华的生活，把父皇的命令不当一回事。他还大兴土木，为自己修造宫室，并全部用金银宝玉来装饰。文帝知道后，很不高兴，没想到自己的儿子这样不争气，完全辜负了自己的期望。于是，他下令把杨俊押回京城，然后把他的官职免掉，关在皇宫里。

左武卫将军刘景做过杨俊的老师，认为对杨俊的处分太重，跑到文帝面前求情："杨俊没犯什么大错误，不过是浪费公家财物建造房屋罢了，皇上可以原谅他。"

文帝说："违反了法律，就应该受处分。"

刘景还是没完没了地讲个不停，文帝满面怒容，要发脾气了，刘景这才退出去。

又过了一阵，大臣杨素也来进谏说："杨俊虽然违反了法律，但处分也太严厉了。我恳求皇上再重新考虑一下。"

文帝说："正因为他是皇子，我才要加重处分，不然，我凭什么去让天下人信服呢？"

杨素说："杨俊从小聪明，皇上十分喜爱他，他做大将军时，也立过功，减轻处分也是情有可原。"

文帝摇了摇头，说："我是五个儿子的父亲，如果按照你的意思办，为什么不另外制订一部针对皇子的法律呢？我对杨俊曾寄予很大的希望，没想到他不思进取，做出有损朝廷威信的事，我怎能再放纵他！"

杨素见皇帝决心已定。就只好告退。

过了几天，皇后也来劝文帝，她说："我们应该替儿子的前程着想，你的法律，

范仲淹在《岳阳楼记》中写道，『居庙堂之高，则忧其民』。就是说，当官千万不要忘了百姓，官位越高，越要注意这一点。

改一下不就行了吗？”

文帝见又有人为杨俊求情，很不高兴。他对皇后说：“像周公那样的圣人，因为兄弟管叔、蔡叔反叛，尚且把他们杀掉。我比周公差得远了，怎么能随意残踏国法？”对皇后的请求，文帝也没有准许。

没有多久，杨俊死了。他生前所制的奢侈华丽的器物，文帝下令全部焚毁。对他的葬礼，文帝下令一定要俭朴节约，连墓上的石碑也没有树立。

文帝执法严明，以身作则，所以他统治时期，政治比较清明。

《隋书·杨俊传》

本篇成语解释：

1.【叫苦连天】不住地叫苦。
2.【情有可原】按情理或情节来看，有可原谅的地方。
3.【以身作则】用自身作榜样。

有人说，一个人刚刚降生的时候，就达到了贤人或圣人的标准。这是错的，一个小婴儿见到大小两块糖一定会拿大的，这至少说明他处在普通人的等级程度。所以说每个人刚生出来，都是没有智慧的，因此一个人的成长就是积累智慧的过程。

开枷感囚

王伽，隋朝曹州济阴人，曾担任过齐州参军等官职，待人宽厚。

隋文帝开皇年间的一天，文帝下了一道颁发给全国各地的诏书。诏书中说："老百姓都能够明辨是非，知道好坏。如果对他们诚诚恳恳地加以教导，他们就会学好，即使犯了法也会改邪归正。王伽在这方面为我们做出了好榜样，如果我们都向他好好学习，教导和爱护百姓，还有谁会去犯罪？"

王伽为啥受到皇帝的嘉奖呢？这里面有一个非常感人的故事。

有一天，担任齐州参军的王伽押送七十多个犯人前往京城受刑。按照隋朝的法律规定，犯人在脖子上套一种叫做枷的刑具。这种刑具用木板或铁片围成，套在脖子上后再用锁锁起来，又大又重。犯人们用双手托着沉重的铁枷，走得很慢。他们走了几天后，到达了河南荥阳。当时，天气十分炎热，士兵和犯人们都被太阳烤得浑身无力，两腿发软。一个押送犯人的士兵有些不耐烦了："这批不遵守国法的家伙！干脆请求皇上就地将他们杀掉算了，我们实在走不动了。"

王伽说："你可别乱说，我们要按照法律办事，怎能随便杀人呢？"

这时候，犯人们也都唉声叹气起来。王伽问：“你们做坏事的时候怎么那么有精神？你们当初是怎么想的？现在，你们看看，还要连累士兵押送，难道就不感到一点内疚吗？”

这些犯人低着头，难过地说：“大人，我们是罪有应得，这都是我们造的孽，害了自己，又害了别人，可现在后悔还来得及吗？”

王伽看到犯人们都有悔悟的样子，想了一会儿，又对他们说：“你们虽然犯了国法，但带枷赶路，天气又热，弄不好会出人命。我如果给你们松掉枷锁，让你们自动赶到京城去集合，你们能做到吗？”

犯人们听了，感动得全部跪下来了，说：“您这样体贴和爱护我们这些犯人，我们内心感激不尽，但我们也怕连累您。朝廷要是知道这件事，您会受处罚的。”

士兵们也都跪下来对王伽说：“我们再苦再累也要坚持到京城，哪能让您替我们受罪。”

王伽笑了笑，说：“天底下的人都有个良心，只要大家都凭良心做事，我愿意一人担当责任。”

于是，他跟犯人们约定了一个赶到京城的日期和集合地点，然后命令押送的士兵给他们脱去枷锁，并叮嘱他们说：“你们可千万不要耽误时间，要是有谁到期没有赶到，我就得替你们去受刑处死了。”

接着，王伽转过身来，对士兵们说：“你们不用押他们到京城了，各自回家吧。”说罢，王伽放走了犯人，自己一个人赶往京城去了。

约定的那一天终于到来了，王伽赶到指定的集合地点，只见那些犯人都早已赶到了。他点了一下人数，一个也没少。

身居高官或要职的未必一定都是贤能之士，而平常百姓和下职的也未必都是无能之辈。

这件事很快就让隋文帝知道了，大家都为王伽捏了一把汗。没想到，隋文帝却特意召见王伽，当着文武大臣的面，着实把王伽称赞了一番，并且说："在王伽的教育下，这些犯人都自动到京城受刑，已经有了悔改表现，我看他们罪行较轻，就把他们赦免了吧。"

《隋书 · 王伽传》

本篇成语解释：

1.【改邪归正】摒弃错误，改过自新，走上正路。
2.【唉声叹气】因苦闷悲伤而发出叹息的声音。
3.【罪有应得】受到的惩罚完全是应该的。

一代明君

李世民（公元 599 年——公元 649 年），李渊次子，唐朝第二位皇帝，死后庙号太宗，在位期间政治清明。

唐太宗李世民是一个善于吸取历史教训的皇帝。他亲眼看到了隋朝因皇帝荒淫无度而灭亡，因此他十分爱惜民力。

那时候，唐朝并不富裕。但一些大臣却千方百计要讨好唐太宗，让他过奢侈的生活。为了在朝廷开廉洁的风气，唐太宗召集文武大臣，语重心长地对他们说：“君王靠的是国家，国家靠的是民众。搜括民脂民膏来奉养君王，好比拿身上的肉来充饥，肚子填饱了，人也就没命了。大抵君王贪图享受就要浪费财物，多消耗的财物靠加重赋税来补充，这怎能不招致百姓怨恨、国家危亡？我想大家都明白这个道理，所以千万不要放纵自己！”

对皇太子，李世民更是严加管教，从不松懈。当听说皇太子不注意节俭，就把他叫到身边说：“你要知道耕种的艰辛，才能天天有饭吃；知道马的劳逸，而不用尽它的力气，你就能常常骑它。”

作为一个开明的皇帝，唐太宗善于听取大臣们的劝谏。

有一天，唐太宗的侍从送了他一只可爱活泼的小鹞（yào）鹰。他把它放在自己的手臂上逗乐，好玩极了。就在唐太宗玩得很开心的时候，大臣魏征跑进宫来见皇上。唐太宗只好把小鹞鹰藏到胸口的衣服里，谁知道精明的魏征却早已看到了。不过，魏征装出一副若无其事的样子。在汇报了要紧事情之后，他又跟唐太宗谈今说古，讲了许多天下兴亡的历史典故。魏征滔滔不绝地说开来，这可把唐太宗给急坏了，因为他担心小鹞鹰会被闷死。但又怕失了皇帝的面子，不敢拿出来。一直等魏征唠唠叨叨地说完之后，唐太宗才急忙取出来一看，这可爱的小宠物早已闷死了。唐太宗开始很生气，但他冷静下来思索，才发觉了魏征的良苦用心。皇上当以国事为重，岂能以小宠物为乐？从此，唐太宗更加信任魏征，也更加注意听取大臣的意见，不断改正自己的错误。

治天下就必须始终保持谨慎的头脑，不能对个人的欲望有丝毫的放纵。——魏征

唐太宗一心想把国家治理好，所以他特别注重选拔人才。

有一年，唐太宗下令文武百官，要他们上书朝廷，对国家政策提出自己的见解。中常郎常何是个书读得不多的武官，压根儿就写不出像样的奏章。回到家中，他吩咐自己的门客马周代笔写几条建议。马周就照令写了一道奏章给朝廷提了二十多条意见。

第二天，常何上朝，把奏章呈给唐太宗。唐太宗仔细看完后，捋了捋胡须，高兴得连声称赞：“切中时弊，颇有见地啊！”但当他回过头来一看这五大三粗的常何，便皱起了眉头，“常何呀，常何，你怎么一下子变得满腹经纶了？”常何只好老老实实交待说：

"启禀皇上,这奏章是我家门客马周代写的。"唐太宗求贤若渴,马上说:"既然是这么有才华的人,还不快快召来见我。"

说罢,唐太宗就立即派人去常何家中,召马周进宫。使者刚走,唐太宗就急起来了,又派人催促。他一连四次派人去催,一直等到马周进了宫才放心。一见面,唐太宗就跟马周谈起了国家大事。对马周提出的真知灼见,唐太宗自是赞口不绝。他认为,马周的确是一位志气见识都高人一筹的才子。虽然马周出身贫寒,但唐太宗仍委以监察御史的重任。

马周上任后,不断地给唐太宗提出一些重要的建议,帮助唐太宗整顿吏治。唐太宗十分器重马周,他经常说:"马周要是隔几天不给朝廷上书提意见,我心里就不踏实。"

由于唐太宗治国有方,在他统治时期,开创了我国历史上最有名的一段太平盛世,历史上称为"贞观之治"。

《贞观政要》

本篇成语解释:

1.【语重心长】言辞恳切而有分量,情意深长。

2.【滔滔不绝】波浪滚滚流动,连续不断的样子。形容话一句接着一句,说个不停。

3.【满腹经纶】一肚子学问和才能,形容饱学而有处理大事的才能。

辅君佐政

长孙皇后（公元601年——公元636年），出身于隋朝军事贵族。李世民即位后被册封为皇后。

提起中国历史上著名的“贞观之治”，人们都会颂扬唐太宗李世民的功劳。其实，这也得力于唐太宗的贤内助长孙皇后的配合和协助。

公元635年5月的一天，长孙皇后陪伴唐太宗李世民到后宫花园游赏景色。一群宫女侍从左右，个个穿红着绿，打扮得花枝招展。细心的长孙皇后瞧见身边几个宫女的眼角边已有细碎的皱纹。她便关切地问：“你们都多大岁数了？什么时候进宫的？”一个年纪稍大的宫女低垂着头，轻声告诉皇后：“禀告娘娘，我们大都是在隋朝就进了宫，至今快二十年了。当时才十二三岁，可如今都年过三十了。”心地善良的长孙皇后心想：“选这么多年轻姑娘进宫，真不知坑害了多少家庭！”她转脸向唐太宗叹惜道：“何苦使这些青春女子终身禁闭深宫呢？”唐太宗也觉得有道理，思索了一会儿，便说：“就放这些宫女出去，让她们择婿完婚。”长孙皇后听罢，就向宫女们招手示意，宫女们纷纷跪拜谢恩。那些宫女们做梦也没想到这辈子还能跳离深宫，生还家乡，无不欢天喜地，奔走相告。不到一个月，她们都回家去和家人团圆了。

有一回，大臣魏征当着许多大臣的面指责唐太宗的过错，把唐太宗气得脸色发青。唐太宗退朝回到后宫，见了长孙皇后，怒气冲冲地说："总有一天，我要收拾这个乡巴佬！"长孙皇后吃惊地问道："又是谁把皇上给得罪了？"唐太宗说："还不是魏征。他竟敢在朝廷上当众说我的过错，叫我怎么下台！"长孙皇后听后，马上回到内室，换了一套上朝穿的衣服，恭恭敬敬地出来拜见唐太宗。这可把唐太宗搞糊涂了："皇后你这是怎么啦？"长孙皇后回答说："我听说君王圣明，就有忠心耿直的大臣。正因为皇上圣明，所以才有魏征这样敢于直言相谏的忠臣。我有幸做皇上的奴仆，怎能不为这样的大喜事向您祝贺呢？"唐太宗一听，火气顿消。这以后，唐太宗遇到不顺心的事就来找长孙皇后，她总耐心地劝导皇上，让他做出正确的处理。

长孙皇后十分痛恨外戚擅权。她的哥哥长孙无忌和唐太宗情谊很深，而且立有军功。唐太宗想让他当宰相。长孙皇后却对太宗说："我身为国母，富贵至极。实在不愿因为我的关系，而使我们家族中的亲友，都来把持朝廷。还是吸取历史教训的好。"她还私下写信给哥哥长孙无忌，要他辞去宰相的职位。对此，唐太宗深为感动。

后来，长孙皇后患了重病，百般医治，也不见有好转。当时朝野上下都迷信佛教。文武百官，后宫嫔妃出于对皇后的爱戴纷纷向唐太宗请求大赦囚犯，超度众生，以祈求神灵保佑。太宗见皇后日益消瘦，一时也顾不了国法，准备下达旨谕，赦免囚犯。长孙皇后知道后，急得拉住太宗的衣袖，连声说："皇上使不得啊，

如果学会了聪慧，那么适时的比男人聪明，适时的比男人笨，这些都是一个聪慧的女人能驾驭的。

怎么能为我一个人而徇私情，废国法呢？”唐太宗见皇后生命垂危之中还这样深明大义，以国家利益为重，止不住泪水盈眶，也只好收回成命。

病情一天一天在加重，躺在病榻上的长孙皇后知道自己已危在旦夕。她轻声对唐太宗留下遗言：“愿皇上以国家社稷为重，和各位大臣齐心协力治理天下。”唐太宗紧紧拉住长孙皇后的手，边点头，边命侍臣记下皇后的话：“皇上应该亲近君子，疏远小人。纳忠谏，拒谗言；爱惜民力，千万不可游山玩水，奢侈浪费。要是能这样做，我也就死而无憾。”

至于怎么安葬，长孙皇后早已准备好了。她说：“自古以来的圣贤，都崇尚俭朴。请皇上将我靠山而葬，不要另起坟墓，也不要用棺椁。这样才能不为天下有识之士笑话。”说完，一代贤后于世长辞。

《旧唐书·外戚传》

本篇成语解释：

1.【花枝招展】比喻妇女打扮得漂亮。现多用于贬义。
2.【欢天喜地】形容非常高兴。
3.【齐心协力】形容思想一致，共同努力。

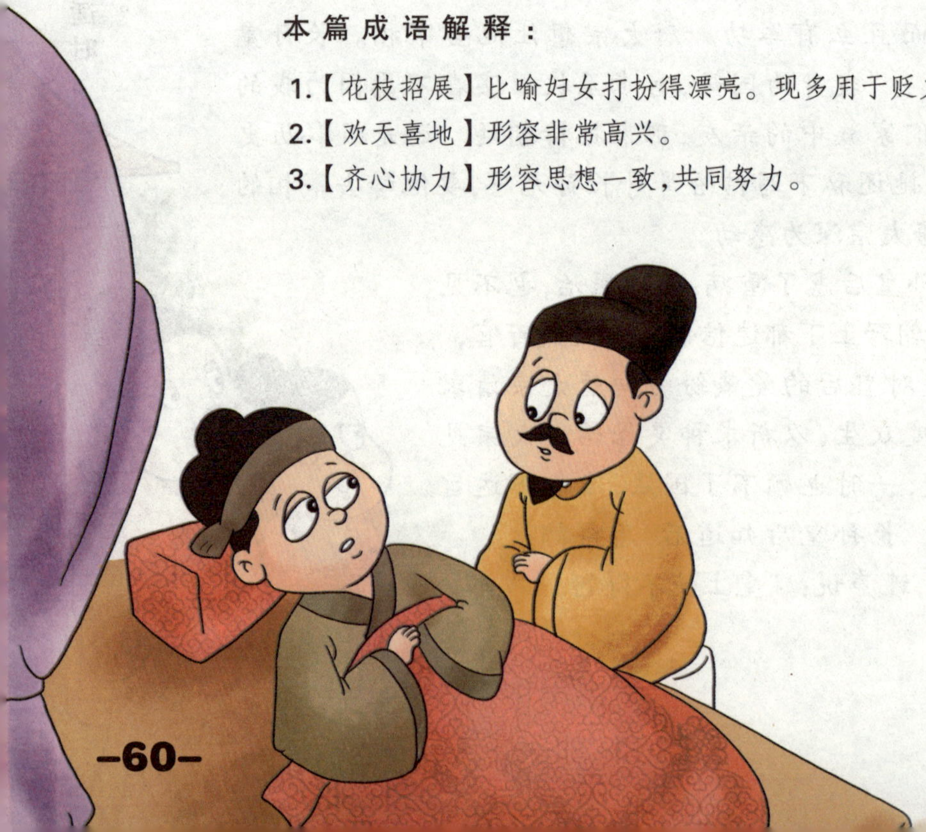

犯颜直谏

魏征（公元580年——公元643年），字玄成，馆陶人，曾参加过隋末农民起义，后在唐太宗手下做官，是唐初著名政治家。

公元643年，以敢于直谏而闻名天下的魏征不幸因病去世。唐太宗听到这个消息，十分难过。他满怀深情地说："一个人用铜作镜子，可以使自己的衣帽整齐；用历史上的事迹作镜子，可以了解国家兴亡盛衰的原因；用人作镜子，可以知道自己的对与错。我就是经常用这三面镜子来反省自己，避免过失。可如今魏征去世，我失掉了一面最可贵的镜子！"

的确，唐太宗之所以能开创中国历史上的贞观盛世，是与魏征敢于进谏，不断纠正唐太宗的错误分不开的。

唐太宗的第四个儿子李泰，从小在皇宫中长大，娇生惯养，不安分守已。而魏征等一些大臣经常劝唐太宗严加管教，以

免长大后犯错误。李泰知道后，心怀不满，想找机会报复魏征等人。

一天，他派一个小吏到唐太宗面前代他诉苦说："李泰现在茶饭不思，身体越来越差了。"唐太宗十分怜爱自己的儿子，就问："他得病了吗？快叫太医治病。"这小吏眼睛一转，说："不是得病，他是为皇上担忧。现在朝廷的那些大官都趾高气扬，不把皇子放在眼里，特别是魏征，经常辱骂皇上和皇子，扫我们皇家的威信。他们迟早会不服从皇上的。"

太宗听了这番话，信以为真，诏令三品以上官员明天都来上朝。

第二天早上，三品以上的大臣奉旨上殿，只见太宗拉长着脸，鼓起双眼，对他们吼道："你们都给我好好听着，到底谁是天子，谁是皇子？难道你们不懂得皇帝的尊严和威风？你们都是熟读史书的人，从前的天子谁敢得罪？从前的皇子谁敢得罪？你们只有在天子和皇子面前俯首帖耳才对，没料到，你们竟以为我软弱可欺，经常欺凌我的皇子，这就是侮辱我，是大逆不道！"大臣们无不大惊失色，低头听完后，马上跪在地上，向太宗叩头谢罪。

这时候，只有魏征神色镇定，从容不迫。他整了整衣袖，然后慷慨陈辞："皇上息怒！据我所知，这里的各位大臣，都对皇上忠心耿耿，哪有敢于轻视皇子的？皇上千万不可以偏听偏信啊！今天三品以上的官员，都是皇上亲自任命的，值得信赖

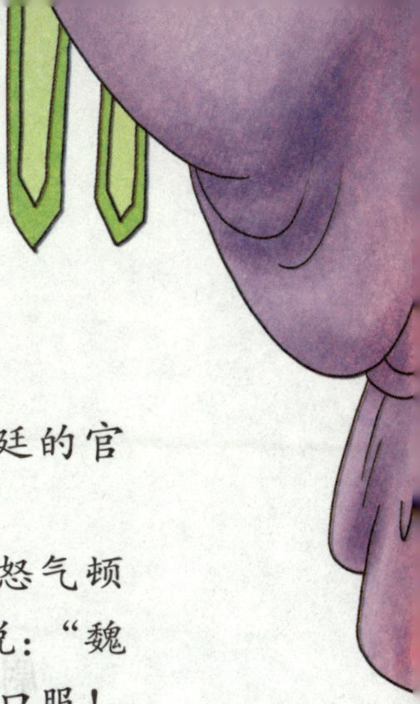

的。坦率地讲，这肯定是越王李泰说了我们的坏话，他也太放肆了！一个国家，如果到了纲纪败坏，不按国法办事的地步，那我就不说它了。而如今皇上是英明之主，怎么能够废了国法，放松纪律，纵容皇子来欺凌朝廷的官员呢？”

唐太宗听了魏征的话，仔细一想，觉得很有道理，怒气顿时消解了。他立刻叫各位大臣起身，然后平心静气地说：“魏征到底是个明白事理的人。他讲得入情入理，我心服口服！刚才我发了一通脾气，实在不应该。我怎么能因为自己的私爱而忘了国家法律呢？要想当一个好皇帝，还真不容易啊！魏征临危不惧，精神可嘉，我要奖他一个金瓮。”

魏征在唐太宗手下做官，忠贞耿直，先后向唐太宗进谏二百多次，是中国历史上最有名的谏臣。

《旧唐书·魏徵列传》

本篇成语解释：

1.【安分守己】原指安于命定的本份或安于现状。现在一般指规矩老实。

2.【趾高气扬】走路脚抬高，神气十足。形容骄傲自大、得意忘形的样子。

3.【俯首帖耳】像狗见了主人那样低着头，耷拉着耳朵。形容非常驯服恭顺（含贬义）。

敬德不谄

尉迟恭（公元585——公元658年），唐朝初年大将，字敬德，任泾州道行军总管等职。

在我国南方的一些农村中，至今还有许多人家挂着一位身着戎装的古代将军像，他就是以正直勇敢而流名于世的唐朝大将尉迟恭。

唐太宗是个围棋迷，皇宫中很多人都下不过他。因此，他十分得意。当他听说唐俭围棋也下得很好时，就一定要把唐俭叫过来，比试一下高低。唐俭也毫不谦让，用尽心机和唐太宗下了起来。慢慢地，唐太宗有些招架不住了，他暗示唐俭给他留点情面。哪知道唐俭下得十分起劲，很快就要赢了。唐太宗非常恼火，把棋盘掀翻在地，当即下令把唐俭调出中央，贬为潭州刺史。

唐太宗觉得还不够解恨，就把尉迟恭召来，对他说："唐俭竟敢轻视我，我要杀掉他。我已经把他贬了官，他必定怨恨我。你去看看他，把他的怨言证实一下。"尉迟恭不知道实际情况，以为唐俭是犯了欺君之罪，就一口答应了。

第二天，尉迟恭到唐俭家里去聊天，想去探听一下唐俭的反应。见了唐俭，尉迟恭说："你为国家作出这么多的贡献，皇上真不该把你贬职啊！"说完，尉迟恭就观察唐俭脸上的表情。唐俭叹了一口气，很平静地说："我也是不知道收敛自己，不过。我去潭州当刺史也同样能为皇上效劳，为百姓作好事。"尉迟恭听了唐俭的话，心想："他哪有什么怨言，分明是一个难得的忠臣！"便起身告辞了。

过了两天，尉迟恭去见唐太宗，太宗对他说："听到唐俭怨恨我的话了吧？明天我叫你和唐俭当面对证。"

尉迟恭连忙叩头说："唐俭是个很正直的忠臣，我实在没有听到他的什么怨言。"

唐太宗听了这话，十分失望，就问："你是不是收了唐俭送给你的礼物，就想包庇他？"

尉迟恭又叩了三个响头，说："皇上，我跟随您多年，您也知道我的一片忠心。但我不想做有损皇上圣明的事，唐俭的确是不该杀的好人。"

唐太宗看到尉迟恭始终不肯改口，大动肝火，把手中的玉板掷到地上，好好的玉板一下子被掷碎了。他满脸怒气地回到内殿。

尉迟恭退回来后，又找到将动身去潭州任刺史的唐俭，径直问他："皇上想杀你，你究竟是犯了什么罪？"唐俭一听。脸色都变了，回答说："我和皇上下围棋，快要赢了他，皇上不满是理所当然，但我哪里想到会招来杀身之祸！"尉迟恭听了也十分生气，就拍了拍唐俭的肩膀说："我一定要冒死向皇上进谏，决不能让你无辜被杀。"

三人行必有我师焉，择其善而从之，其不善而改之。

尉迟恭三步并作两步走，又来到宫中见唐太宗。看到唐太宗怒气已消，就说："皇上一向爱才如子，怎么会随便把一位忠贞能干的大臣处死呢？"唐太宗也被尉迟恭的正直忠诚所感动，他下命令在宫中大摆筵席，要三品以上的大官都参加宴会，并点名要唐俭到场。席上，太宗说："尉迟恭今天做了一件对三方面有好处的事。唐俭免了枉死，我免了枉杀尉迟恭，免了曲意逢迎。同时，我有了改过的美德，唐俭有再生的幸运，尉迟恭有了忠直的声誉，这使三方面都得利。"接着，唐太宗下令唐俭恢复原来的职务，并赏赐尉迟恭一千匹绸缎。

《朝野佥载》

本篇成语解释：

1.【理所当然】按道理应该如此。
2.【曲意逢迎】违反自己的心意，奉承迎合别人。

圣人的思想和所作所为不仅本身是法于也达于天地之大道，而且因其"博施于民而能济众"而被人们以天之于天下的广博之益来比喻其德（当然，圣人不等于天，这是个比喻的说法）。

灭蝗宰相

姚崇（公元650年——公元721年），原名元崇。历事武则天、睿宗、玄宗诸朝，多次出任地方长官，为唐代中前期一代名臣。

公元716年，山东、河南一带蝗虫灾害十分严重。漫山遍野都只见蝗虫在飞舞，老百姓看在眼里，急在心头。辛苦了大半个年头，没想到这可恶的蝗虫却把他们眼看到手的粮食快给吃光了。这可怎么办呢？那时候的地方官和百姓都很迷信，认为这是老天爷降给人间的灾难。他们不但不去捕杀，反而在田旁设立祭坛，烧香膜拜。但是，蝗虫却越来越猖獗。

当时的宰相姚崇是个很有主见的人。他知道这一情况后，心急如焚，连夜赶往宫中向唐玄宗报告，说："《诗经》上就有过捕杀蝗虫的记载，汉武帝还下过捕灭蝗虫的诏书，这说明蝗虫是可以捕杀的；历代以来，有时候之所以捕杀不尽，那是由于人不努力，只要带领老百姓齐心协力，完全可以除尽蝗虫。"唐玄宗还是有些犹豫，说："蝗虫是天害，大概是由于我们没有积德修行，你现在提出要捕杀蝗虫，这岂不是触犯天意吗？"姚崇又说："捕杀蝗虫的事，古人已做出过榜样，皇上现在下令扫除蝗灾，安定民心，难道不是

贤人君子明于盛衰之道，通乎成败之数，审乎治乱之势，达乎去就之理。

积德行善的大好事吗？望皇上认真考虑。”玄宗被说服了，他要姚崇出个灭蝗虫的主意。姚崇说：“蝗虫在夜晚的时候，只要见到火光，就会飞往那儿；因此可以在田边烧一堆火，在火堆边挖个坑，蝗虫就会被成群烧死，没有烧死的，就捕捉后埋入坑中。只要发动百姓，这事情是很快可以办好的！”于是，唐玄宗马上下了一道捕杀蝗虫的诏书。

汴洲刺史倪若水却拒绝执行命令，并上书唐玄宗说：“蝗虫是天灾，应该积德修行，以感动老天爷。”姚崇得知后，勃然大怒，他专门写了一封信对他说：“照你这么说，蝗灾的出现，是我们没有积德造成的！现在坐看蝗虫吃庄稼，老百姓要挨饿，这就叫积德吗？如果再耽误灭蝗的大事，叫你后悔都来不及！”倪若水见宰相态度这么坚决，也就只好执行命令。他发动当地官员和百姓一齐灭蝗。经过几个昼夜的奋斗，汴州一带捕灭蝗虫 40 万担。还有许多死蝗虫，来不及埋掉，就投到河里去了。在事实面前倪若水信服了。他回了一封信给姚崇说：“要不是宰相及时纠正我的错误，我就成了误国误民的大蠢才！”

另一位宰相卢怀镇却顽固不化，他对姚崇说：“蝗虫是天害，怎么可以用人力去制服呢？现在杀虫太多，实在有伤和气。赶紧停止，还不为迟，你好好想想吧。”姚崇反驳说：“孔子都说过，只要不违礼制，为了百姓安危，可以杀生。如今蝗虫成灾，只有消灭它们，老百姓才有收成。要是放纵蝗虫为害，各地都

不会有收成，老百姓就会饿死。这件事我已经请皇上作了主，要是招来祸害，我姚崇一个人承担责任，跟其他人无关！”

姚崇派遣了一批官员到各地督促捕杀蝗虫的事情，并检查地方官的行动。谁捕蝗得力，谁就可以受到奖赏；谁捕蝗不力，谁就要受到惩罚。由于措施得力，姚崇组织的这场灭蝗战取得了初步胜利。

但当时朝廷的一些官员却嫉妒姚崇的才干，他们唆使一位地方官，向唐玄宗上了一道奏章，说河南南部一带捕杀蝗虫毫无效果，相反蝗灾更加严重，庄稼也没保住。唐玄宗又被这道奏章弄糊涂了，以为灭蝗是天理不容。但姚崇并不相信这一套。他亲自赶往河南南部调查，发现当地蝗灾确实十分严重，但原因在于当地官员没有组织百姓捕杀。他回京城向唐玄宗报告了这一情况，并请求亲自前往那个地方领导灭蝗。当地官员见姚崇身为宰相，决心这么大，也只好听从指挥，和百姓一起捕杀蝗虫。从此，朝野上下再也没有人反对灭蝗了。山东、河南的这场蝗灾终于逐渐平息了下去。

《旧唐书·姚崇传》

本篇成语解释：

1.【心急如焚】心里急得像着了火一样。形容极其着急的心情。

2.【顽固不化】思想保守，不知变通。

3.【天理不容】指办事悖逆无理，为天道所不容忍。

举人唯贤

赵普（公元922——公元992年），字则平，北宋初大臣，历任枢密使、宰相等职。

北宋初年，赵普担任宰相。他不喜欢抛头露面，声名并不十分显赫，但他办事认真负责，很有谋略，宋太祖十分信任他，经常向他征求意见。

有一次，赵普发现了一个很有才能的人，就写了一份奏疏给宋太祖，推荐这个人担任官职。宋太祖漫不经心地看了一下奏疏，认为这不过是一般的赞扬别人的好话而已，就没有理会赵普的建议。赵普并不灰心。他想，宋太祖一定是认为这个人的才能一般，才不肯任用。于是他写了一份更长的奏疏，把这个人做过的一些具体事情都详细地向宋太祖说清楚。宋太祖看了一下奏疏，有些动心了，他答应过几天再考虑考虑。

朝廷里还有一位宰相，他由于没有什么才能，得不到宋太的信任，对赵普十分忌恨。当他知道这件事后，就悄悄来到宫中，对宋太祖说："现在赵普的权力很大，做什么事情都把我们这些大臣摆在一边。他向皇上推荐人才是假，培植自己的亲信才是真，皇上可千万要小心这个人。"

宋太祖听了非常担忧，他想，当初是部下们将黄袍披在我身上，才使我夺了别人的皇位。赵普会不会仿效我，暗地里想

篡夺皇位？他于是派人告诉赵普，说赵普推荐的这个人不能用。

一代贤相赵普，以天下事为己任。这么博大的胸襟，世间又有几人？

赵普不知道内情，以为皇上没真正了解这个人的才干才决定不用的。于是他马上拿起笔，写出一份奏疏，并一连修改了五遍，使奏疏既简短精练，又讲明了道理。赵普满怀信心地带上奏疏，又去宫中见宋太祖。宋太祖拿奏疏一看，发现说的还是原来那件事。他顿时火冒三丈，说："赵普啊，赵普，你就没有其他事情向我汇报的吗？"赵普回答说："臣以为这个人确实是难得的人才，皇上要是不肯用他，以后会后悔的。"宋太祖听了，更是火上浇油。他拿起奏疏，把它撕成碎片，丢在地上。赵普并不介意，神情自若地弯下腰去，从地上把碎片一张一张地拾起，揣在怀里回去了。回到家中，他拿来浆糊，细心地把一张张碎片贴好。

第二天，赵普又把这份粘贴得整整齐齐的奏疏，呈送到宋太祖面前。宋太祖看见赵普三番五次地碰钉子还这样耐心，十分感动。心想，赵普一定是发现了一个真正的人才，他这样做确是一心为国家着想，而不是为自己培植亲信。于是，宋太祖温和地问："你这样不避嫌疑，坚持自己的意见，原因是什么？"赵普说："这个人品德高尚，志向高远，办事有方，精明干练，我感到自己也不如他，所以，才不厌其烦地向皇上推荐，就是想朝廷有更多的人才。"宋太祖终于接受了赵普的建议，任命那个人担任了重要的官职。赵普这才满意地离去。这个人上任后，果然不孚众望，办事机智果断，为朝廷解决了不少疑难问题。宋太祖得知这些后，又提拔了那个人。这件事使宋太祖从内心深深地敬佩赵普举人唯贤、坚持正确意见的可贵品质。

以后，只要是赵普推荐的人才，宋太祖都

不再推诿，立即委以重任。赵普为朝廷选拔了大量人才，而自己却多次向朝廷提出告老还乡。几年后，他如愿回到家中养老，一直活到七十一岁才去世。

《宋朝事实类苑》

本篇成语解释：

1.【抛头露面】旧指妇女在大庭广众中出头露脸。后亦泛指人在公开场合露面。

2.【火冒三丈】形容十分生气。

3.【火上浇油】比喻使人更加恼怒，或使事态更加严重。

4.【三番五次】形容不止一次。

贤惠相夫

万寿公主，宋太宗之女，后嫁左龙武将军李遵勖。

有一天，宋太宗处理完政事后，如释重负，感觉特别轻松愉快，他叫来自己的七个女儿，跟她们一起玩游戏。为了观察一下女儿们的兴趣和爱好，他命令侍从拿来很多珍宝和笔墨纸砚，任女儿们随意选择。其他女儿都抢着拿到了自己喜欢的宝物，高高兴兴地玩起来，只有万寿公主冷冷地站在一旁观看。太宗十分惊奇，便问万寿："乖女儿，难道这么多稀世珍宝就没有你喜欢的？"没想到万寿公主走到桌前，拿起一支笔，回头对太宗说："父皇，您能教我写字念书吗？"太宗喜出望外，情不自禁地抱起万寿说："你才是出凡脱俗的小公主，我一定亲自教你读书习字。"

从此，太宗只要一有空闲就教万寿公主读书练字，万寿公主也十分听话，勤学苦练。几年后，她就能读史绘画，吟诗作赋了。

长大后，太宗将万寿公主许配给爱好文辞的进士李遵勖，不久，万寿公主的哥哥真宗即位，他相当喜爱万寿，派人专门为他夫妻建了一所宅院，修得

非常豪华，雕龙刻凤，珠嵌宝饰，几乎可以和皇宫媲美。

李遵勖见皇上为自己修了这么漂亮的房子，十分得意，整天吃喝玩乐，不求进取。万寿公主见丈夫只知道享受荣华富贵，不知上进，很不高兴。她十分和气地对丈夫说："你之所以能过上这样舒适高贵的生活，原因是什么？"李遵勖很不情愿地回答说："当然是皇上的恩宠喽。"万寿公主见丈夫还是这副满不在乎的样子，就捧出李遵勖父亲李继昌的画像，对他说："人们都说，有出息的儿子就一定会超过他父亲。公公出身卑微，可他老人家智勇双全，一心报效国家，立下了赫赫战功。太宗打算把昭庆公主许配给他，他拒绝说，'我不愿意让朝廷的人议论我是靠当皇亲国戚做上大官的，我宁可自己去建功立业'。"

听了万寿公主的这番话，李遵勖感到十分惭愧，他跪在李继昌的画像前发誓："孩儿不孝，今生今世我要是不能为国家立下功勋，我就不配做您的儿子！"为了向万寿公主表明自己的决心，李遵勖把皇上赏赐的宅院进行了大规模的修整，凡是原来装饰的鸾凤图案，他都叫工匠们一一凿去，把珠宝全部取下来上交国库。万寿公主见丈夫有所悔改，也积极支持。她把皇上赏赐的带有龙形花纹的衣服，都全部存放起来，金银首饰也送给了其他人。

不久，李遵勖就奔赴边疆，指挥将士与入侵的敌人作战，由于立有军功，真宗就把他提升为澄州刺史。这时，李遵勖骄傲自满的情绪又开始膨胀。有一次，他竟然当着众人的面调戏一位

良家妇女。真宗知道后，大发雷霆，决定下令处死李遵勖。

万寿公主虽然心里十分痛恨丈夫的行为，但她认为处以死刑过于严重，便请求真宗给他一个悔过自新的机会。真宗见万寿公主如此善良宽厚，就答应了她的请求。李遵勖知道了万寿公主为他求情的事，又羞愧又感激。他从此办事严谨，尽职尽责，一心守卫边疆，在一次战斗中，由于宁死不降，被敌军斩杀，留下千古英名。

《宋史·外戚传中》

本篇成语解释：

1.【如释重负】像放下重担那样轻松，形容人在解除某种负担后轻松愉快。

2.【喜出望外】出乎意料的高兴。

苏轼题扇

苏轼（公元1037年——公元1101年），字子瞻，号东坡居士。四川眉山人，北宋大文学家，做过通判、知府等官。

“水光潋滟晴方好，山色空蒙雨亦奇。欲把西湖比西子，淡妆浓抹总相宜。”这是北宋大文豪苏轼在游览杭州山水时写的一首诗。当时，苏轼出任杭州知府，他不仅热爱这风景如画的杭州，而且更热爱这里忠厚朴实的老百姓。他总是尽心尽力为当地百姓办好事。人们至今还传颂着他的一些动人事迹。

有一天，苏轼刚在公堂上办完案子，准备退堂，忽然传来一阵阵声音：“大人，冤枉啊，冤枉啊！”只见一个穿着破旧衣服的瘦老头闯了进来。苏轼料想这个老头定是受了别人欺负，便和蔼地问他：“有什么冤枉，尽管向我讲来。”老头回答说：“吴小乙竟然仗势欺人，把我才六岁的女儿抢走了。”苏轼听完后，非常生气地说：“把吴小乙给我带上堂来！”

不久，穿着华丽的吴小乙走进来了，一看苏轼的脸色，连忙跪下。“大胆刁民，竟敢强

抢民女,你有什么话说?”苏轼拍了一下惊堂木说。吴小乙浑身哆嗦了一下,说:“小人实在是出于无奈,去年春天,张二向小人借去绫绢,原来说好了是三个月内归还,可是现在有一年多了,张二一分钱也没给,我只好……”

苏轼把眼睛转向老头张二,问:“他说的可是实话?”张二连连点头,回答:“欠他是真。”这时,吴小乙马上把张二写的欠条呈给苏轼,并且说道:“请求大人为我作主,讨回欠款。”

苏轼却沉着脸说:“这就是你劫持他女儿的理由?还不快给我放了。”吴小乙只好连声说:“是,是!”

接着,苏轼又问张二:“你为什么过期不还账?”张二满脸愁苦地说:“不是小人有意赖账,实在是没办法偿还。小人借他绫绢,本是为了做扇子生意。谁知扇子做好了,却没了销路,所以拖欠这么久。”

苏轼看到张二一副老实巴交的样子,非常可怜,就说:“那么,你赶紧回家把扇子取来一些,我来帮你推销。”

张二听了,半信半疑。现在天气这么冷,谁愿意买扇子?可苏大人一向言而有信,该不是开玩笑。他跑回家去,取了一大筐最好的扇子,气喘吁吁地扛到公堂。苏轼叫手下从筐中拿出四十把白团丈绢扇堆放在案桌上。然后又取来笔墨,他提起笔,在扇面上写诗作画,最后落款:眉州苏轼。苏轼不停地挥动着笔,额上已累出了汗,不一会儿就把这四十把扇子都题了诗,作了画。然后,他对张二说:“快把扇子拿出去卖了,得了钱偿还给吴小乙!”直到这时,张二才恍然大悟,原来苏大人是用这个办法帮自己还债,他连忙扛起扇子,赶紧回家开门营业。

消息传开,各地喜爱字画的人都争先恐后地来购买。

苏轼为人耿直,不趋奉权贵,一身清正。

不到半天，就卖了三十九把扇子，并还清了吴小乙的债。张二把剩下的最后一把扇子收藏起来留作纪念，富商们出再高的价他也不卖。张二拿了挣的钱，跑到苏轼家去拜谢。苏轼笑着说：“这点钱就留给你作做生意的本钱吧。”张二连忙双膝跪下说：“大人的大恩大德，我永世难忘！”

《宋史·苏轼传》

本篇成语解释：

1.【仗势欺人】依仗权势，欺压别人。

2.【恍然大悟】恍然：猛然清醒的样子；悟；心里明白。形容一下子明白过来。

3.【争先恐后】唯恐落后而抢着往前。

先忧后乐

范仲淹（公元989年——公元1052年），字希文，北宋著名的政治家，也是一位卓越的文学家和教育家。

“先天下之忧而忧，后天下之乐而乐”，范仲淹的这一千古绝唱是他一生的最好写照。

话说范仲淹三十九岁时被当时的丞相晏殊推荐担任秘阁校理的官职。官虽不大，但能经常有机会见到皇帝。只要会见风使舵，这可是个能飞黄腾达的好位子。于是，朝野上下都认为范仲淹能有个好前程。

无奈范仲淹生性耿直，压根儿就不会溜须拍马那一套。这年冬天，刘太后准备庆贺自己的生日。为了显耀自己的威风，让仁宗和文武百官一起，在前殿给她叩头庆寿。范仲淹看不惯，就奏上一道奏疏说：“家礼与国礼不能混淆。当着众人的面损害皇上的威信，这种事应该制止。”

晏殊知道这件事后大惊失色。他匆匆忙忙把范仲淹叫去，对他说：“你可知你犯了大错了！”范仲淹一听这话不对劲，十分纳闷，便问晏殊：“晏大人多年教诲，我才有今天。有什么过错，还请您直说。”晏殊沉着脸说：“你好轻狂，竟敢说太后的不是。你有没有想过？这事会让你吃不了兜着走的，我也会被你连累！”范仲淹向来敬重晏殊，这次

公少有大节，于富贵贫贱毁誉欢戚不一动其心，而慨然有志于天下。——欧阳修

却不愿让步，回答说：“我正因为受了您的推荐，才经常担心自己不尽职尽责，没料到我正直的议论反而遭到您的批评。”一席话，说得晏殊无言以对。

回到家中，范仲淹索性写了一道奏折，干脆请求实际掌握朝廷大权的刘太后把大权交还仁宗。朝廷对此下了一道诏书，把范仲淹贬到河中府去当通判。他的一些知心朋友十分了解范仲淹的为人，把他送到城外，大家举起酒杯告别说：“范君这次去外地任职，应该是一件极为光荣的事啊！”范仲淹把酒一饮而尽，然后望着京城的方向说：“只要我的心向着国家社稷。哪儿不是我替老百姓做事的地方？”

到河中府上任后三年，这一带干旱和蝗灾开始蔓延，而且越来越严重。当地官员不但没有组织百姓治理灾害，而且还对朝廷隐瞒实际情况，说什么河中农业大丰收。范仲淹对此十分气愤，连续上奏朝廷，反映当地灾情。他的一些亲友纷纷劝说他：“你上次吃了讲实话的亏，不要再那样直率了，还是装糊涂的好。”范仲淹斩钉截铁地说：“我官职虽小，但也是皇上任命的，怎能不为朝廷做事，为老百姓解忧呢？即使摘掉我这顶乌纱帽，我也要做下去。”

范仲淹催马上路，连夜赶到京城。他说服了一个正直的官员和他一道请求面见皇上。这时候，宋仁宗正迷恋于美酒佳人，根本不顾国家大事，对范仲淹等人

的请求不予理睬。为了表示自己的决心,他们一同跪在仁宗的殿前。仁宗仍然不愿理睬,守门的小吏干脆把殿门关起来。范仲淹于是一边用力叩击殿门上的铜环,一边高声质问:“皇上为什么不听我们的谏言?”宋仁宗实在没有办法,只好召见范仲淹。

向宋仁宗报告了河中一带的灾情后,范仲淹毫不客气地对宋仁宗说:“如果宫庭中有半天没有饭吃,皇上该怎么办呢?”宋仁宗觉得丢了面子,对他说:“你身为河中的一位官员,怎么就没有一点办法,竟然来扰乱皇宫!”不过,宋仁宗内心总算醒悟了,最终他还是委派范仲淹专门负责治理河中灾害。

然而,上任不久的范仲淹因积劳成疾而患了病。宋仁宗听说后。决定将其调回京城养病。范仲淹却回奏朝廷说:“我既然有幸被皇上派来专管此事,怎么能中途放弃,不顾百姓死活呢?”范仲淹坚持把这件事情办完才离任。这时候,范仲淹的病也好了。一些朋友向他表示祝贺。范仲淹笑着说:“老百姓的庄稼有指望了,他们个个喜笑颜开。我当然也觉得十分快乐,病自然就好了。”

《通鉴纪事本末》

本篇成语解释:

1.【见风使舵】看着风向改变帆的方向。比喻相机行事,随机应变。
2.【飞黄腾达】多比喻骤然显贵得志。
3.【喜笑颜开】形容眉开眼笑十分高兴的样子。

开仓赈粮

洪皓（公元1088年——公元1155年），字光弼。宋徽宗政和年间中进士，曾任秀州司录、徽猷阁直学士等职。

北宋宣和年间，洪皓担任秀州司录。他为官清廉，爱惜民力，深得百姓的拥护。

有一年，秀州一带发生水灾，无情的洪水冲垮了老百姓的房屋，土地也被水淹没了。老百姓生活大多没有着落，只好四处逃荒。许多人因为连续几天吃不上饭，就这样活活地饿死了。

洪皓看着这凄惨情景，忍不住流下了眼泪，他决心要为老百姓解决眼前的吃饭问题。于是，他连续三次向太守禀告，要求承担救灾工作。太守看他决心很大，就答应让他单独处理这件事。得到同意后，洪皓就亲自去打开粮仓，把粮食减价一半卖给百姓。饥饿的老百姓们听了这个消息，纷纷从四面八方赶过来买粮，把粮仓前的过道挤得水泄不通。洪皓怕他们争抢，就站在粮仓前对大家说："大伙儿不要挤，现在日子不好过，大家互相帮助。粮仓里的粮食也不多，每家买一点，不要哄抢！"

可是，人多嘈杂，谁也没有听到洪皓的话，仍然抢着往前面挤。洪皓怕有人趁火打劫，就把买过米的人的手

染上青色，作为标记。这样，买过的人就不能再来买了，老百姓也就安下心来，排着队伍按顺序买米，都高高兴兴地买到了粮食。秀州仓库里的粮食很快卖光了，但灾荒问题还是无法解决。眼看老百姓又要挨饿了，洪皓心里急得像一团火，晚上睡不着觉，但一时也找不出个法子来。

就在这时候，洪皓得到一个消息，浙江东部有一批粮食，运往汴京，正巧要路过秀州城。洪皓知道后，高兴得连声说："真是老天爷助我，这下老百姓有救了。"洪皓连夜向太守报告这一情况，并要求太守把这批粮食留下，作为救灾之用。太守沉思了一会儿，然后愁眉苦脸地对洪皓说："这可是运往京城的皇粮，弄不好我们丢官事小，恐怕连性命都难保啊！"

洪皓说："现在情况万分紧急，我们总不能眼睁睁看着老百姓一个个饿死吧！如果是这样，到时候，我们同样罪责难逃。"太守还是觉得很为难，不肯答应。洪皓斩钉截铁地表示："这事由我一人负责。一人做事一人当，我愿意拿自己的生命来换取秀州十万人的生命。"太守只好答应。于是洪皓派人把这批运往汴京的粮食留下来，又按原来的方法卖给老百姓，使老百姓能够有米下锅。秀州人民对洪皓的这一做法，非常感激。称他为"洪佛子"。

后来，秀州军队发生叛乱，叛兵到处抢掠，没有一家能够幸免。可是当叛军来到洪皓家时，一位叛军头目认出来是洪皓的房子，就说："兄弟们暂且别动手，这好像是洪佛子家。"其他几个的叛兵仔细瞧了瞧，证实这是洪皓家，于是大家互相转告："千万不要抢洪皓的任何东西，他可是菩萨心肠，救过我们的命，我们怎能恩将仇报呢？"

官员之贤就是一心为社稷，百姓着想，而不趋炎附势。

朝廷知道这件事后，怀疑洪皓和叛军有瓜葛，就把他调离秀州。不过，洪皓还是那样好心肠，当官当到哪儿，好事就做到哪儿，留下了许多动人的故事。

《宋史·洪皓传》

本篇成语解释：

1.【水泄不通】连水都流不出去。形容非常拥挤或严密围封。
2.【斩钉截铁】比喻处理事情或说话果断坚决，毫不犹豫、拖沓。
3.【恩将仇报】受人恩惠反而用仇恨来回报。

“救民疾于一方，分国忧于千里”。洪浩的忧民，决不沽名，不作秀，甚至还要顶着上面的压力，冒被处理的危险。“忧民”实际上是检验一个官好坏的试金石，也成了千百年来永远的政治话题。凡真心把当官看作为民办事的人，无不都时刻忧民，为民请命。

击鼓助阵

梁红玉，生卒年不详，南宋著名抗金女英雄，后嫁给抗金名将韩世忠。

南宋抗金名将韩世忠，在一次打败金国元帅兀术以后，流露出胜利后的骄傲情绪，这使得他的妻子梁红玉十分忧虑。梁红玉开导丈夫说："将军，不能因为一时的小胜，忘了大敌。我想兀术不是等闲之辈，倘若被他逃走，必定会来复仇，将军的胜仗就白打了，还是谨慎点好。"这一席话，说得韩世忠深深折服，连声称是。

这时，韩世忠出任浙西制置使，驻守镇江，专等金兀术北逃时截断他的归路。金兀术看到江上布满战船，知道不能顺利渡江，便派使者持书到韩世忠处，约定战期。韩世忠满口答应，对使者说："告诉你们的元帅，我们明天战场上见！"

梁红玉得知明天要与金兀术决战，心中料到："金兵不少于十万，我军只有八千，就是以一当十，恐怕也抵挡不住。况且金兀术急于过江，恐怕会一面与宋军交战，一面偷渡过江。"于是，她对韩世忠说："明天打仗时，由我来率领中路军，专门防守，只用炮弩射击敌人，而不与他们正面交锋。我在楼橹（高台）上面，竖起旗帜擂击战鼓。将军率领前、后两军，四面包抄，敌人往东逃，就向东截杀，往西逃，

就向西截杀。看好我们的旗鼓，一听到鼓声就往旗帜所指的方向进兵。如果这次战役能扫荡金兵，料他们再也不敢举兵侵犯江南了。”韩世忠听了十分高兴，连声赞道：“真是锦囊妙计！夫人的确是个非凡女子。”

傍晚，韩世忠按照梁红玉的计谋布置好军队。第二天，只见梁红玉身裹金盔铁甲，统领中军，秀丽的脸庞透出几分坚毅，好一个女中豪杰。她亲自坐在楼橹上，准备击鼓助战。不多久，金兀术果然带领军队冲杀过来，他远远望见楼橹上坐着一位年轻女子，心中十分纳闷：“哪来的这等江南美女，这韩世忠摆的是什么阵？”但他又一想：“既然战斗已经开始，管他是谁，先杀过去再说。”他手臂一挥，大呼一声：“杀过去！”于是千军万马往前冲过去。

可是金兀术哪里想到，鼓声一响，万道强劲的弓弩已射将过来，又有震天的大炮连珠发来，所到之处，不是毙人，就是船只粉碎，金兵虽然全副武装，勇猛顽强，但仍然寸步难行。金兀术见势不妙，便下令调转船头向东逃，忽然又传来一阵急促有力的鼓声，刹那间早已埋伏在焦山寺附近的一队人马冲杀出来，为首的一员大将正是威风凛凛的韩世忠，有夫人亲自助阵，他显得格外精神抖擞，只听他大喝一声：“金贼哪里逃？”宋军立即像潮水般冲杀过去。

金兀术又只好调转船头，准备往西边逃出去，然后偷渡过江。可是刚刚赶到西边，又听到鼓声大震，又一员大将领兵拦住去路，这员大将仍是威风八面的韩世忠。金兀术急得没有办法，他皱紧眉头，正在盘算退路时，自己身边的一员大将，已被韩世忠击落水中擒住。金兀术大吃一惊，吓得脸色都变了。这时，梁红玉加紧擂鼓，于是鼓声、呐喊声震撼天地。金兀术被扰得心慌意乱，垂头丧气地对士兵说：“我们还是退回去再说。”便带领残兵败将狼狈退去。

韩世忠镇江一战，与金军相持四十多天，为岳飞收复建康创造了有利条件。而梁红玉击鼓助阵，大败兀术的故事，更是成为千古美谈。

《宋史》

本篇成语解释：

1.【锦囊妙计】比喻能及时解决紧急问题的办法。
2.【千军万马】形容兵马很多，亦形容队伍声势浩大。

长江狙击战金兵败北后，梁红玉不但不居功请赏，反而因金兵突破江防，弹劾丈夫韩世忠“失机纵敌”，请朝廷加罪。这一义举，传为美谈。朝廷为此再加封他为“杨国夫人”。

理学大儒

朱熹（公元1130年——公元1200年），字元晦。号晦庵，徽州婺源人，先后创办“白鹿洞书院”、“岳麓书院”。讲学授徒，以他为代表的理学，成为中国的封建思想体系之一。

“半亩方塘一鉴开，天光云影共徘徊。问渠哪得清如许？为有源头活水来。”这篇题为《观书有感》的绝句，运用比喻的手法，形象地说明，一个人的知识必须不断积累和更新，源源不断地汲取新的养料，才会达到融会贯通的境界，诗的作者是南宋著名的教育家朱熹。

一天，已经白发苍苍的朱熹正在给学生们讲课。突然，一位学生慌慌张张地跑进来说：“朝廷有人正准备和金兵议和，皇上也开始动摇了抗敌的决心。”学生们听了这个消息，个个扼腕叹息。朱熹年迈体弱，更受不了这样的打击，他两手颤抖，气息虚弱，但仍悲愤地说：“金贼和我国有不共戴天之仇，今天讲和，有千百种坏处而没有一点好处。”学生们也都纷纷表示支持老师的意见。朱熹就和学生联名上书皇上，要求惩罚主张议和的卖国贼，坚决抵抗金兵的入侵。

皇上接到朱熹的奏折后，昼夜难

眠，他想，朱熹已经是快七十岁的人了，还这样操心国家的安危，我作为一国之君，能不振作精神，奋起抵抗入侵的金兵吗？于是，他下令说：“今后还有敢说议和的，一律处斩。”

不久，朱熹又被皇上任命为侍讲，和皇上谈论伦理道德和治国之策。他经常劝皇上说：“要减轻百姓负担，整顿国家秩序。”但是，主张议和的投降派对朱熹恨之入骨，尤其是投降派头目韩侂胄。他暗地对皇上说：“朱熹这人心术不正，故意在皇上面前指手划脚，想借此谋害皇上。”

皇上不太相信，说：“朱熹懂得孔孟之道，怎么会谋害我呢？”韩侂胄回答说：“朱熹经常引用孟子的‘民贵君轻’，是想用这句话来贬低君王，抬高百姓，这难道不是图谋不轨吗？”皇上点了点头。从此，他不再信任朱熹，并将他贬职。

朱熹也不想做官，于是创办书院，每天著书立说，培养学生，传播自己的思想。

这时候，朱熹得了病，上课时感到体力不支。他的学生劝他休息几天，他怎么也不肯，说：“要是真停下来休息，我的病就治不好了，你们知道，我不能有一天不讲学。”

一位学生感叹说：“先生真是个可以和孔子媲美的人啊。”

朱熹十分谦虚地说：“我怎么能和圣贤相提并论。不过，只要我们奋发读书，还是可以成为一个大学问家的。”

凡人可以变成贤人，贤人也可以变成圣人。而提高自己的等级的途径就是提高自己的智慧。

朱熹又语重心长地说：“读书治学，要是半上半落，半沉半浮，那能有什么用？”

不久，朱熹就在武夷山去世，学生来送葬的达一千多人。

《朱子语类》

本篇成语解释：

1.【指手划脚】说话时手脚做出各种动作，形容说话放肆或得意忘形的样子。

石勒崇儒

石勒（公元274年——公元333年），字世龙，上党武乡羯族人，十六国时期后赵的建立者。

十六国时期，各国混战，民不聊生。这一年，上党又闹起了旱灾，老百姓四处逃散。有一位十多岁的小伙子被人抓走，卖给有钱人家做奴隶。主人看他长得眉清目秀，就说："这个小子天生一副聪明相，肯定会有出息的。"就把他放了。

小伙子撒腿就跑，可是天下大乱，他能跑到哪里去呢？他实在没了生路，就网罗了八个身强力壮的青年，到处劫富济贫，抢劫财物。很快，他们的队伍扩大到十八个人，号称"十八骑"。这小伙子后来就靠这十八骑起家，把他们作为骨干，又招兵买马，组成了一支军队，经过多年的征战，建立了后赵政权。他就是后来的后赵开国皇帝石勒。

石勒知道，治理国家、巩固政权，不能再只靠武力。他非常羡慕饱读诗书的汉族读书人，想让这些人帮他治理赵国。

有一个叫樊坦的汉族读书人，很有学问，石勒经常把他请到宫中讨论史书，商谈自古以来国家兴亡的原因。樊坦每次都分析得十分透彻，石勒很佩服他，决定提升他到地方上任参军。

贤君如石勒，从不妄自尊大，而是虚心求教，待人诚恳，有礼貌，懂得尊重人才和爱护人才。

樊坦上任时，去向石勒告别。石勒一看，樊坦穿了一身非常破旧的衣服。他就十分惊奇地问："樊参军，你怎么穷到这个分上了？这不是叫人笑话，说我们赵国太衰败吗？"

樊坦为人老实忠厚，马上回答："刚才遇到一批羯族的盗贼，他们蛮不讲理，把我的财物抢得一干二净，我只好把几件稍好一点的衣服都当出去了，换来去上任的路费。所以就不得不成了现在这个样子。"

石勒听了，非常生气地说："羯族的盗贼哪能这样乱抢，真是岂有此理！"然后，他又笑了笑说："让我来替他们赔偿你吧！"

樊坦忽然想起自己讲错了话，心中不禁怦怦直跳。原来石勒严禁人们说"羯"字，把自己羯族的人称为国人。樊坦刚才不但提到了"羯"字，还把羯族人骂为"盗贼"，心想这下可闯下大祸了。他赶紧跪在石勒面前，一连叩了几个响头，说："皇上。我刚才是不小心说漏了嘴，得罪了国人，还请皇上饶命。"哪知石勒若无其事地扶起樊坦说："樊参军，我们每天在一起谈天说地，哪能讲究这么多。"

樊坦不肯起身，说："皇上已经发布过禁止的命令，可我竟然当着皇上的面违犯禁令，我实在是该杀！"

石勒宽容地笑了笑，说："羯族人虽然是国人，但你们汉族的读书人知书达理，在这方面确实超过了国人，我只是禁止一般的平民，不允许他们讲'羯'字，跟你们这些有学问的书生没有关系。"

石勒非但没有治樊坦的罪，还赏给他一辆马车和一大批贵重的衣服。樊坦对此十分感激，他在地方上任职时，兢兢业业，为百姓作了很多好事，还经常给石勒提出很多有效的建议。石勒也越来越赏识他。

可是，不久之后，樊坦就病死了。石勒知道后十分悲痛，他流着眼泪，对身旁的人说："老天爷难道是在惩罚我吗？让我失去这样一位有学问的好帮手。"

石勒推崇读书人的事迹渐渐地传开了，各地有真才实学的人都纷纷投奔他，为他治理天下出力。

《能改斋漫录》

本篇成语解释：

1.【眉清目秀】形容相貌十分俊秀。
2.【一干二净】形容一点儿也不剩。
3.【兢兢业业】形容做事小心谨慎，认真踏实。
4.【真才实学】真正的才干和学问。

治国良臣

耶律楚材（公元1190年——公元1244年），是元代杰出的政治家。

蒙古军队进入中原地区后，不懂得农业生产的重要性。有个名叫别迭的蒙古贵族向金元宗窝阔台说："中原地区的汉人不懂得放牛牧马，不如把他们全都杀了。"

窝阔台听了觉得也有道理："把汉人杀了，那些土地就可以用来放牧牛羊。"

耶律楚材知道这是误国之道，极力争辩说："打仗的目的，在于获得土地和人民，如果把人杀光了，只留下一座空城，那有什么用处呢？"

别迭反驳说："汉人每年不知道要消耗多少粮食，这些粮食还不如留给我们自己享用。"

耶律楚材回答说："天下是广阔的，四海是富裕的，各地的人民都会勤劳生产，只要我们的政策好，他们就可以源源不断地提供大量的财富。"

窝阔台听了这话，心里将信将疑，要耶律楚材说具体一点。

耶律楚材又说：“据我估算，如果向汉人征税，每年至少可以获得白银五十万两，帛八万匹，粟四万石，足够军费开销了，又何必把他们杀了呢？”

窝阔台听了十分高兴，说：“你真是我的好管家，既然这样，就照你的意见办吧！”于是他下了一道诏令：“除了拒不投降的皇族和将领外，一律不再追究罪责，禁止乱杀汉人。”

耶律楚材在窝阔台的支持下，加强财政管理，开通征收赋役的渠道，取得了很好的效果。社会生产得到发展，国家收入也增加了。

一天，根据耶律楚材的建议设置的十路课税使，送来了许多粮食布帛和金银珠宝，陈列在宫中，不计其数。窝阔台看得眼花缭乱，十分开心。他高兴得给站在一旁的耶律楚材斟酒，说：“你不曾离开我的左右，却为国家收来这么多的财物，真有本领呵！”

耶律楚材连忙把酒杯举起，和窝阔台一饮而尽，然后把赋税册呈给窝阔台，说：“还请大王仔细检查。”窝阔台拿过来一看，发现征收来的实物数目果然和耶律楚材当年预计的相符，他高兴得笑了，说：“这真是奇妙，我国还有像你这样有才能的人吗？”

耶律楚材说：“大王过奖了，在各地任职的官员都比我强，我因为没什么本事，才有幸留在国都，结果被大王派上了用场。”

窝阔台越听越觉得耶律楚材是个可以大用的人才，不仅精明能干，而且态度谦虚，就马上当着在场的大臣们的面说：“耶律楚材德才兼备，我决定任命他为中书令，以后，事情无论大小，都可以先向他报告。”

耶律楚材，帮助了蒙古人从野蛮走向文明，从游牧走向农耕。

耶律楚材立即双膝跪在地上，说：“大王虽然信任我，但我不能容忍您接受官员送礼的错误，所以，我还是辞去官职的好。”原来，窝阔台接受了许多官员送的金银财宝，被耶律楚材知道了。

听了这话，窝阔台立即露出很不高兴的脸色，说：“这些都他们自愿送来的，可以不追究吧！”

耶律楚材说：“你这带的是蛀政害民的头呵！我以后怎么去管理其他官员呢？”

窝阔台见他当着大臣们的面，如此严厉地指责自己的过错。一怒之下，就下令将耶律楚材捆起来。可过了一会儿，窝阔台冷静下来，又叫人给耶律楚材松绑。

可是耶律楚材却不肯，说：“我身为辅佐大王的臣子，大王说捆绑就捆绑，说松绑就松绑，这不是拿国政当儿戏吗？”

窝阔台从内心佩服耶律楚材的耿直，就温和地说：“我虽然贵为天子，难道就没有一点过错了吗！现在我向你陪罪，你应该可以继续做我的中书令了吧？”

耶律楚材上任后，为统一北方，引导蒙古汉化，作出了很大贡献。

《元史·耶律楚材传》

本篇成语解释：

1.【源源不断】形容连接不断。

2.【眼花缭乱】眼睛看复杂的色彩而感到迷乱。有时形容使人一时看不清的复杂现象。

3.【德才兼备】思想品德和工作能力、业务水平都好。

删繁就简

朱元璋（公元1328年——公元1398年），今安徽凤阳人，元末农民战争中参加农民起义军，之后建立明朝，统一全国，十分注意整肃吏治。

明太祖朱元璋小时候就给地主当过牧童，十分了解民间的疾苦。开创了明王朝后，他决心要像以往有名的君王一样，把国家治理好。他每天总是亲自处理全国大大小小的政务，天不亮就起床批阅奏章，一直忙到深更半夜，经常把眼睛都熬红了。

时间一长，朱元璋发现大臣们写奏章的风气不太好，大都是长篇大论，为了堆砌词藻而空发议论，没有实际内容，他暗地里下决心要改变这种情况。

一天，刑部主事茹太素跑进宫来，说有要紧事禀报皇上，并送上了一份奏折。朱元璋接过奏折，发现是厚厚的一本，心里有些不高兴，就命令茹太素当面念给他听。茹太素拿起自己写的奏折摇头晃脑地大声朗读起来。他觉得自己写的文章十分华丽，满以为会讨得皇上的欢心。结果，他读到一半

的时候，朱元璋还没有听到具体意见，听到的全都是为了卖弄才学而讲的一大堆空话。朱元璋脸色一沉，慢吞吞地说：“我没料到你的文章写得这么有文采，这可是我听过的最长的一篇奏折了。”

贤才不备，不足以立国。——朱元璋

茹太素还以为皇上在夸他，故意装出一副很谦虚的样子说：“皇上过奖了，为了让皇上开心，我一字一句都是认真推敲，共花了五天五夜的心血。”朱元璋感到既生气又好笑，对他说：“你花五天五夜的时间，就是为了写这样一篇奏折？”茹太素回答说：“只要是能使皇上开心的事，再苦再累微臣都乐意。”这下可更把朱元璋惹火了，他把奏折拿过来，重重地摔在地上，斥责茹太素：“好你一个让我开心，每个官员都像你一样写这么又长又空的奏折，我还能处理多少国家大事？每个官员都像你一样花五天五夜写一篇奏折，还能为朝廷办几件实事？”说完，朱元璋又命人把茹太素拖下去打了一顿。

晚上，朱元璋想起了茹太素的那篇奏折，有些后悔。茹太素文风虽浮华，人倒不坏，我怎么能因为一点小事而打他一顿，这会让其他人觉得寒心的。想到这里，朱元璋马上叫人把茹太素的奏折重读一遍，奏折中提出了五项建议。朱元璋平心静气地听完后，说：“有四项建议很好，应该立即转发执行。”

第二天，朱元璋把茹太素召进宫来。看到茹太素遍体鳞伤的样子，朱元璋十分怜爱地说：“茹大臣忠心耿耿，为国事操劳奔波，我昨天不应该叫人打你，我向你道歉。”接着，朱元璋又指出：“你提的五条建议，只要用五百字就可以讲清楚，要写这么多？写这么冗长的奏折，很浪费人的精力，你以后要尽量写得简短一些，把一些多余的空话都删掉。”

针对这件事情，朱元璋亲自写了一篇文章，告诫全国官员和百姓，写奏折要简短精炼，并且对奏折的格式作了规定。经过改革，全国各地来的奏折都只讲实事，不讲空话。既节省了不少时间和精力，也提高了工作效率。

《明太祖文集·建言格式序》

本篇成语解释：

1.【删繁就简】删除繁杂多余的，使之趋于简明、精练。
2.【平心静气】不动感情，心气平静。
3.【遍体鳞伤】浑身受伤，伤痕像鱼鳞一般。形容伤势很重。

揣饼烂胸

马皇后，元末农民起义领袖郭子兴的义女。后嫁与朱元璋。被册封为皇后。

朱元璋投奔郭子兴起义军后，作战勇敢，打了不少胜仗。郭子兴对他十分器重，他高兴地同夫人张氏谈起了朱元璋的军功，张氏说："朱元璋气宇轩昂，相貌出众，又智勇双全，为什么不把我们的义女马氏许配给他呢？"

马氏从小没有爹娘，由郭子兴夫妇抚养成人。郭子兴教她读书，张氏教她做家务活，她聪明能干，一经指导，就立即能学会。长大后，既出落得相貌标致，又知书达理，勤劳贤惠。朱元璋和马氏结婚后十分和睦。

朱元璋做了郭子兴的乘龙快婿，再加上战功赫赫，不久就被提升为镇抚。可是郭子兴的两个儿子看了就心怀嫉妒，朱元璋同他俩称兄道弟，他们更觉得不满，决心要把朱元璋赶走。

有一次，郭子兴的两个儿子对他说："朱元璋这个人有野心，不把您放在眼里。"郭子兴听了半信半疑。结果，第二天召开军事会议，朱元璋不知自己被人怀疑，在发言的时候，顶撞了郭子兴。郭子兴

大发脾气，找了个借口，把朱元璋关了起来。

郭子兴的两个儿子听说后，心里暗自高兴，觉得害死朱元璋的时机已经到来，就偷偷溜进食堂，命令厨师说：“以后不许再给朱元璋送饭菜，要不然小心你的脑袋！”那厨师怕死，就照他们的命令办，眼看朱元璋要被活活饿死了。

朱元璋好几天没回家，马氏十分着急。当她得知朱元璋被关起来没饭吃时，她小心翼翼地混进厨房，拿了一块刚刚出锅的热饼，准备送给朱元璋吃。谁知刚出门就撞见了义母张氏，她怕被义母看出来，连忙把热饼塞进怀中。这刚出锅的热饼贴在马氏的皮肤上，痛得她难以忍受。但她为了不让义母发现，只好咬紧牙关，眼睛瞅着别处，弯下腰对张氏说：“奴婢叩见义母。”

张氏发现她脸色很不自然，非常奇怪，以为她患了什么病，便关切地问：“你最近身体不好吗？”“肚子有些疼痛。”马氏用手按住肚子说。张氏说：“让我给你来瞧瞧，怎么样？”说完就凑上去要帮马氏看病。

马氏见义母要刨根问底，实在没法忍受下去了，她就伏在地上，拉着义母的裤腿，大声哭起来。张氏更加觉得奇怪，就问：“难道受了什么委屈？你放心地对我说吧。”马氏声泪俱下，说：“我倒是没有受什么委屈，两位义兄不知道什么原因，想害死朱元璋，您可要为我作主啊。”说完，那个热饼就从怀中掉落下来。

辅佐丈夫成就帝业，但不像吕后、武后那样专权；劝谏丈夫拓才纳贤，但不会重用娘家无能的外戚。

张氏明白了是怎么回事，连忙把马氏的衣服打开，原来她的胸脯都已经被烫烂了。见了这种情形，张氏也流下了眼泪。郭子兴听说了这件事后，也十分感动，叫人立即释放朱元璋，并且把自己的两个儿子狠狠地教训了一番。

朱元璋当上了皇帝后，仍然时刻不忘马氏的功劳，下诏立她为皇后，并且当着各位大臣的面说："我从一个平民起家，做上皇帝，一方面靠各位功臣，一方面靠贤惠的马皇后，她跟随我转战各地，为我出谋划策，她的功劳，我怎么也说不完。"

《明史纪事本末》

本篇成语解释：

1.【气宇轩昂】形容人精神饱满，气概不凡。
2.【刨根问底】深入追问事情的原由。

朱元璋及其最早的追随者大多是贫苦农民。要成就一番事业，必须有人才的拥戴支持。因此，朱元璋早在明朝建立之前就努力争取、积极吸收人才。他视人才为治国平天下的关键。

勤政为民

况钟（公元1388年——公元1442年），字伯津，明朝靖安人，曾任苏州知府，是有名的清官。

明朝洪熙年间，苏州一带成了贪官污吏和豪强地主的天下。他们整天吃喝玩乐，不顾百姓死活。农民起早贪黑为他们干活，却还要忍饥挨饿。朝廷为了缓和矛盾，便调换了一个叫况钟的人来做苏州知府。

况钟悄悄来到了苏州，他和两个侍从化装成小商人到各地视察。在路上，他见到许多人穿着破旧不堪的衣服四处要饭。他一打听，原来是官府的赋税压得他们喘不过气来。这些走投无路的人只好背井离乡当乞丐。况钟了解到这些情况，决心治一治当地的这帮恶吏，为百姓做些有利的事情。

这天，况钟第一次升堂。左右属吏们想给新来的知府一点颜色瞧瞧，好让他和他们同流合污。于是，他们呈上一叠厚厚的公文，说："请知府大人速速批阅。"

况钟早就看穿了他们打的主意，决心给这帮人一个下马威。他假装说："这么多公文，叫本官怎么个批法？"说着，抽出一份诉状看了看，说："大胆刘三，竟敢逼债杀人，打死佃户胡云，强占其女，还有没有国法？"

几个属吏听了先是一怔，然后又互相使了使眼色，一个人走到况钟身边，小声地告诉况钟："大人，这案子可得留心，是胡云先抗租不交，还偷了刘三的母鸡，才出了人命。刘三可是当今宰相的亲戚。"况钟故意装出一副大惊失色的样子，说："你们可得把情况讲详细一点。"接着又看了几个公文，属吏们也都先后向他耳语一番。他们心想："这新来的知府也不过如此，苏州还是我们的天下。"这些沾沾自喜的小吏们哪里料到况钟趁势把他们的关系摸清楚了。

退堂后，况钟对刘三一案进行了一番深入的调查，终于查了个水落石出。原来是刘三仗势欺人。那些属吏们收了刘三的五百两银子，就颠倒黑白，诬告胡云抗租偷鸡，类似的情况还有很多。

几天过后，况钟重新开堂。况钟一坐定，便猛拍了一下惊堂木，下令把几个属吏捆起来。属吏们大呼："冤枉啊，冤枉！"况钟把一叠材料甩在他们面前："铁证如山，还敢抵赖吗？你们胡作非为，丧尽天良，百姓们告发你们的状纸都可以堆成山了！"属吏们做梦也没想到况钟这一招，个个吓得脸色铁青，汗流浃背，连忙高喊："大人饶命！"

况钟又喝斥道："你们收了刘三的银子就替他说话，还想蒙骗我。本官怎能再让你们这群恶吏乱了国法。来人呀，给我推下去斩首！"

于是，这群属吏遭到了应有的报应。苏州官吏再也不敢胆大妄为了。回到家中，况钟沉思道："杀了几个贪官，压了邪气，可问题没有全部解决。"他一边翻阅案卷，一

边发出叹息："怎么四年不到就欠了七百万石粮食？照这样下去，百姓们都逃荒去了，朝廷也收不上粮来。这该如何是好？"

况钟决定向皇上直接禀报，要求减免苏州百姓的赋税。他写好奏章，派人立刻送往京城。过了一个月，朝廷回信，不准减税。况钟又连写了三道奏章，结果都被退回来了。况钟只好去请示自己的上级应天巡抚周忱，把情况向他禀告。周忱诚恳地安慰他："凡是对国家对百姓有利的事，你放心去干吧！不要怕挫折。"周忱还同意和况钟一道上奏。

况钟大受鼓舞，他一次又一次向朝廷报告，一次又一次地被打回。但况钟毫不动摇，非办成此事不可。终于，有一天，他接到一道圣旨，下令减免苏州百姓的赋税。消息传开，苏州老百姓高兴极了。很多外逃的农民又回到苏州，在荒芜的土地上重新种上作物。苏州向朝廷上交的粮食从此一年比一年增加。

况钟体恤民情，受到苏州人民的爱戴和尊敬。况钟去世后，苏州各地修了许多况钟祠堂，百姓家中都挂有况钟的画像。每逢节日，老百姓都不约而同来到况钟祠堂，烧香祭祀，纪念这位为民请命的大清官。

《明实录》

况忠不仅刚正廉洁，而且孜孜爱民。前后各届苏州知府都不能与他相比。

本篇成语解释：

1.【同流合污】言行同不好的风俗、世道相合。后指随着坏人一起做坏事。

2.【沾沾自喜】对自己的成绩感到得意，表现出一副自以为是的样子。

3.【汗流浃背】汗水湿透了背上的衣服。形容汗出得很多。

靳辅治水

靳辅（公元1633年——公元1692年），字紫垣。顺治年间授国史院编修，康熙年间任河道总督。

康熙年间，漕运河道由于沉积了多年的淤沙而堵塞。康熙任命水利专家靳辅为河道总督，负责清理漕运。经过几年的连续治理，漕运总算畅通了，康熙知道后非常高兴，诏令靳辅进京汇报具体情况。

靳辅来到勤政殿，他并没有向康熙皇帝表白自己的功劳，而是忧心忡忡地说：“漕运河虽然畅通，但高邮湖四周一带的田地、民房仍然被淹没在水中，还有很多事情有要做，望皇上定夺。”康熙听完了靳辅的汇报后，脸上露出了一丝愁云。

他立即传令军机大臣们前来商议国事。大家商量来，商量去，也找不出一个可行的办法。最后康熙下令说：“当务之急是泄水救灾，拯救百姓，疏通海口的任务交给靳辅继续办理。”

各位大臣听完后，一心只想讨好康熙，齐声高呼：“皇上爱民如子，圣明，圣明！”只有靳辅在一旁沉思。康熙看到靳辅一言不发，就问：“靳爱卿还有什么好建议吗？”

靳辅回答：“臣以为不可以疏通

海口,如果挖低海口,就会引起海水倒流,造成更大灾害。”

康熙笑了笑说:“这你就不必担心了,海水怎么会倒流呢?”

靳辅看到皇上决心已定,也只好接受诏令。

回到家里,靳辅一直还惦记着这件事情。他想,下河地势低于海面五尺,如果疏通海口,势必引起海水内浸,后果不堪设想。于是,他决定再次进宫,向康熙讲清楚情况。

第三天早上,靳辅又来到了勤政殿,对康熙说:“海面比下河地势还高出五尺,因此,必须在河口建筑高一丈五尺的长堤,束缚一丈高的河水,以冲刷河沙,逼退海潮。同时将堤内干涸的田地,丈量出实际面积,归还给农民去屯垦。”

康熙听了很不高兴,说:“你这样做,未免工程太浩大,我看你不要再固执了。”其他在场的官员也齐声附和康熙。靳辅知道如果再辩解的话,就会把康熙给惹火,但想到老百姓的利益,也顾不了个人安危,就冒死劝谏康熙说:“皇上如果真的要挖低海口的话,那就会适得其反,使老百姓遭殃,皇上的功绩也会毁于一旦!”

康熙听了后,勃然大怒,说:“你竟敢诋毁朕,岂有此理!”其他官员也乘机落井下石,说:“抗拒明诏,大逆不道,该杀!”康熙本来也想杀了靳辅,但考虑到靳辅治河的功劳,就对他说:“你既然不想按我的旨意办事,那我就另外叫人去做。”靳辅就这样被革职了。

但是,后来的事实证明疏通海口的做法是错误的。几年的施工,不仅浪费了大量人力物力,而且招来了水灾。这时候,康熙才后悔当初没听靳辅的劝告。于是,康熙再次任命靳辅为河道总督。

这时的靳辅已经十分衰老了，病得走路都要靠拐杖，本想辞谢，但考虑到国家利益和百姓安危，就带病上任了。靳辅不分昼夜地辛勤工作，不久病情急剧恶化，可他还是念念不忘治河的事，在病榻上处理各种事情。

一天晚上，靳辅感到自己生命垂危，就叫人把他扶起来，他颤抖着执笔起草奏章，向康熙详细分析治河的对策。写完后，靳辅就与世长辞了。

《清朝野史大观》

本篇成语解释：

1.【落井下石】比喻乘人危急的时候，加以陷害。

2.【大逆不道】多指犯上谋反等反叛行为。

我的留学梦

丁卉

我人生的前十五年，现在想起来，就像是肥皂泡般的一场梦境：很平凡的家庭，很平凡的父母，很平凡的学校，很平凡的生活。每天两点一线，早出晚归，吃一样的热干面，喝一样的豆腐脑，对着大同小异的卷子或欣喜若狂或满腹惆怅。听身边的人抱怨课程多，抱怨考试难，也抱怨青春易逝韶华不再，然后自己就凑热闹一般的添油加醋几句。像肥皂泡的表面，太阳一照就五彩斑斓。平凡，但美好而温暖。

考上莱佛士的时候，我犹豫了很久。我认真地问自己：丁卉，这辈子你到底想要什么？是荣耀功绩还是温暖幸福？你到底想做一个不惜一切代价改变世界的人，还是你只在乎那些深爱你陪伴你的存在？我知道我不是在逃避，不是在为自己的怯懦找理由，我只是想知道，我到底想要什么？我只是不想，在多年以后，觉得这一切的牺牲都不值得。

于是那晚我告诉父母：我不想去。

第二天，父亲没有去上班。在饭桌上，他给我讲了一个我从小就熟知的故事——花木兰从军。

南北朝时期，天下大乱，战争连年不断，人民生活很不安定，常常隔不了多久就得搬一次家。花木兰巾帼不让须眉，虽为女儿身却有男儿志。她离家万里，代父从军立下赫赫战功……

不知为何，在父亲和缓的声音中，再听这个听了千百次的故事，我的眼泪无法抑制地掉下来，打湿了身前的《小窗幽记》。

末了，父亲说：我们都容易被眼前的景象所蒙蔽，因为我们都害怕失去，都害怕回来的时候物是人非，所以都不敢跨越不敢尝试，都喜欢作茧自缚。但是你看，花木兰不怕。她离开家的时候，大概与你同龄。她跨关山越黄河，她也许犹豫过，但从来没有放弃。那是她骨子里的一种气节。爸爸知道你是和她一样刚烈，一样有抱负的女子。你觉得你认识的自己其实并不是真正的你。爸爸知道你不会甘于平庸，你也不应该在琐碎与麻木中虚度年华。爸爸不想你长大以后憎恶这样的自己，后悔曾经的决定。你的骄傲不会允许，你的自尊也不会妥协。孩子，我们每个人都只有一个人生，所以我们都应该在有限的生命中拥抱无限的宇宙。这样，我们才能算真正的不枉此生。

我认真地看着父亲的眼睛，看着这双充满了怜爱与理解、信任和支持的眼睛，看着这双经历人生四十余年的眼睛，心忽然变得很柔软，也很坚定。

爸爸，我知道了。我会去的。我说。

就这样，父亲戏剧性地用花木兰的故事改变了我的人生。

其实说起来，我与国学一直有不解之缘。四岁的时候就基本背完了唐诗三百首（当然是被逼的），上幼儿园就知道很多《春秋》、《战国》、《唐传奇》的著名故事，要么被感动得一塌糊涂，要么惊愕得不知所措。小学二年级的时候第一次读完《红楼梦》，对妙玉爱得深切，扬言要把红楼诗词全数背下。三年级的时候和同班的女生在班上组了一个诗社，旨在传播文化，实为娱乐自我，最后以成员不足而告终。四年级读白话《史记》，为李广拍案叫绝；五年级读《资治通鉴》；六年级毕业的那个暑假在看完金庸和梁羽生的武侠小说后，读完了《中华上下五千年》。

说起来，我的小学生涯其实就是把中国历史走了一遭。那个时候思想很单纯，总是想：我要是生活在古代就好了，有漂亮衣服穿，每天也不用上学。再被红楼水浒一浸濡，我就想：要是我是林黛玉，就投奔宋江去，省得在大观园受那些气！

上初中后，我脱去了单纯幼稚，开始观察和思考。很长一段时间，我最喜欢的诗人是王维。喜欢"竹喧归浣女，莲动下渔舟"的安然；喜欢"即此羡闲逸，怅然吟式微"的出尘。王维是一个哲学家，一个住在月亮上的人，袖起笔落之间，都不沾染俗世一抹尘埃。王维很接近一种安宁的常态，寂寞而完美。我总是一个人想：要是这辈子和王维在一起多好，过一种如水般安静的生活。

于是初二那一年，我写了一部短篇小说《两两相忘》，故事以王维的诗词与生活态度为第二线索。女主角对自由的渴望，也就是我（在考试压迫下）对自由的向往为主线。相比王维，陶渊明的自由就显得直白多了，因为直白所以激烈，也因为激烈，反而少了王维形而上的美。不过这些感悟，都是后话了。

初三的时候，我疯狂地爱上了苏轼。也不知道为什么，从前对苏轼的印象就停留在一个壮汉屹立赤壁悲吟大浪淘沙之上。我不知道他的朝云，他的放逐，他的灵性，他的诗心。我是读了余秋雨，读了周国平，读了梁实秋以后才开始慢慢懂得，懂得他的倔强，懂得他的无奈，懂得他的柔肠百转，懂得朝云那一句："先生满肚子的不合时宜"的真正含义。懂得以后我就为苏东坡流泪了。

来到新加坡，我经历了"cultural shock"（文化地震）。其实时至今日，我还是觉得这里很多太过后现代的东西，让我无法接受。比如这里总是有很多人"want things fast and good"（追求又快又好）。但是他们不知道，有很多情绪是要慢慢酝酿的，很多经验也要慢慢积累，不能急于求成，不能贪图捷径。

我找我最喜欢的生物老师聊天，他很释然地笑着对我说："你知道，同中国相比，新加坡是一个没有历史的国家。没有历史，有文化也显得焦躁，显得苍白，显得小家子气。"

我忽然意识到很长时间以来让我感到不舒服的东西，其实是源自于这个国度一种沉淀，一种归宿，一段历史的缺失。从小到大，我在国学的浸濡下成长，习惯用很大气磅礴、纵横捭阖的眼光来看世界、看人生。我喜欢静静地思考，慢慢地感悟，像朱熹或者王国维那样，隐逸出尘也好积极入世也罢，我喜欢一种有张力的思考方式，喜欢思想源源不断地涌入脑海的感觉。我承认一直以来我都活在理想的世界里，骄傲得不需要物质的承诺、成功的保障，我是一个思想者般的存在。而在中国的历史里，有那么多人与我相同。他们或以悲壮、或以淡然的英雄方式出现，以至于我把这种生活理想当成了一种常态、一种必然，而丝毫没有意识到这其实是一种奢侈，一种只属于我们这一代中国人的奢侈。

我想很多为文言文焦头烂额的人都不会懂得，有国学是我们的荣耀，是我们的骄傲，是我们血脉里根深蒂固的一部分，它定义了我们每一个中国人。

不得不承认，现在接触中国历史和古典文学的机会少了许多。但是也因着这出国的特殊经历，因着情感的暂时封存，让我看到国学里更加精髓的部分。不再是凄凄惨惨戚戚的离情别恨，而是中国的哲学。

说到哲学，就不得不提《道德经》。老子在一种神奇的模棱两可中表达了他对宇宙的理解。一位经常来新加坡传教的著名牧师唐崇荣曾经说过，老子比孔子强。孔子说："朝闻道，夕死则已。"可见孔子不知"道"。老子说："道可道，非常道。"可见老子明白道是不可闻，不可道的，从而更接近道的本真。

在新加坡的这四年里，我发现很多中西哲学有趣的对比点。

比如孔子教导我们温良恭俭让，萨特说这些都是人性的虚假体现；比如孔子说君主应当修身，培养自身的美德；意大利的马基雅维利反对说这些都是无用功，一个统治者只要知道如何控制自己的属民即可……我发现中国的哲学家，比如墨子的兼爱非攻，比如老子的上善若水，都是很温和的哲学，不带一丝希腊罗马的激进。

我为中国人的生活态度找到了一个源头。为什么我们不愿意改变态度，不乐于创新与尝试？其实是我们缺少神秘和浪漫，缺少激情与想象，我们对真理这个东西不感兴趣，我们只想找一种最中立的方法，一种最温和的方式。这种人生态度可以叫中庸，也可以叫懦弱。所以我们一直很平稳，但我们不精彩。至少目前不够精彩。

哲学体现的是人的生活态度，而我们也都还在这样或那样的生活态度中跋涉。

这篇自叙写得如此冗长而真实，因为它大概是我成长过程中曾经感同身受的思想、情感与启发。从一个在《红楼梦》中不可自拔的小女生，长成如今这般虔诚的基督徒、这般勤勉的思想者，我相信有很多人与我相同，在寻找，在追逐。也有很多的朋友，在重复着我的道路，体会着我的感情。在思想的国度里，从来没有失败者，也没有落后者。我们都是在这个星球上行走的人，正如张悬所唱：生活生活，有快乐也有忧愁。

但我们都不是一个人。我们都是同路人。

写此文，与君共勉。